IGPN
Une institution au-dessus de tout soupçon ?

Frédéric Charpier

IGPN
Une institution au-dessus de tout soupçon ?

Enquête sur la police des polices

Albin Michel

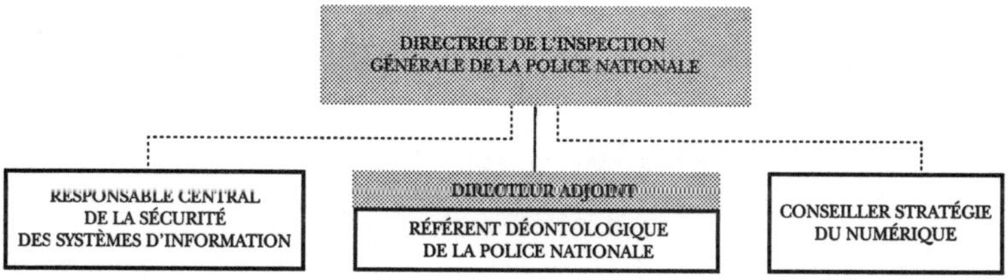

L'organigramme complet est à retrouver en page 225.

Avant-propos

L'institution ne manque pas de détracteurs. Elle n'a jamais été populaire. Longtemps les syndicats de policiers eux-mêmes ont réclamé sa suppression. L'Inspection générale de la police nationale, l'IGPN, a en effet pour fonction de « réprimer les bavures, éviter la corruption » et de sanctionner les « violences illégitimes[1] ». Rares sont les flics qui un jour ou l'autre, pour des fautes graves ou bénignes, échappent à ses fourches caudines. La « police des polices » est crainte et redoutée et quand la cheffe de l'IGPN entre dans un ascenseur, les flics qui s'y trouvent, prudents, préfèrent se taire[2].

L'Inspection est aussi une institution respectée, car ses contrôles s'exercent dans tous les domaines et dans tous les services. Bien que certains soient habilités au secret-défense, la DGSI – Direction générale de la sécurité intérieure, qui a son propre

1. Revue *Police nationale*, avril 1988.

2. Entretiens avec Brigitte Jullien, directrice de l'IGPN depuis le 1er janvier 2019, automne 2020 et printemps 2021.

cabinet de discipline – lui échappe, et encore pas vraiment, car un policier-espion qui frapperait son épouse aurait des comptes à rendre à l'IGPN qui, depuis peu, coordonne aussi le travail sur la radicalisation « islamiste » dans la police. Ses missions ne se limitent donc pas aux violences policières. Elle veille à la bonne marche de la « grande maison » et sévit en particulier contre les ripoux, cette plaie qui suppure en permanence.

Depuis quelques années, elle fait l'objet de critiques récurrentes, certains exigeant même sa suppression. Le procès est-il juste et ceux qui tirent sur l'IGPN la connaissent-ils vraiment ? Pas si sûr. Sans œillères et sans excès mais sans complaisance, j'ai voulu faire la part du vrai et du procès d'intention. J'ai procédé comme pour n'importe quelle enquête. J'ai interrogé et lu ceux qui savaient, j'ai rencontré des responsables de l'IGPN, de la police et de la gendarmerie, fouillé dans les archives et les dossiers de la justice. J'ai remonté le temps, car les maux dont souffre la police sont le plus souvent chroniques. Donc anciens. Le plus souvent, ils sont aussi intrinsèquement liés à la nature de ses missions. Si l'IGS (Inspection générale des services) et l'IGPN ne couvrent pas par principe les policiers et l'institution, elles ne sont toutefois dans ce domaine pas sans reproches, mentant s'il le faut ou truquant des pièces de dossiers. Cela est arrivé.

Cette enquête raconte aussi la face cachée de la police.

1

Les vœux de la cheffe de l'IGPN

La haute hiérarchie se presse le 25 janvier 2020 aux vœux de Brigitte Jullien, la cheffe de l'IGPN, nommée à ce poste en janvier 2019 après une longue carrière en Sécurité publique et un passage de quelques années à l'IGS. L'élite s'est déplacée. Les directeurs centraux, le préfet de police, le « DGPN » – le directeur général de la police nationale. Ils sont tous là, les deux cents « patrons » vêtus de leur uniforme d'apparat, réunis dans l'immeuble Garance où se trouve le siège de l'IGPN. Ils sont venus écouter la cheffe de la « police des polices » tracer le bilan d'activité de son service. Un bilan qui fait jaser.

Depuis le mouvement des « gilets jaunes » qui a fait exploser la violence sociale, l'IGPN vit dans la tourmente, assaillie de critiques. Fait-elle son travail ? Est-elle complice des bavures policières ? Sert-elle à quelque chose et, sinon, pourquoi ne pas la supprimer ? À cette menace de disparition – bien improbable –, les hiérarques, un sourire en coin, répondent par des boutades : « Quand un policier ment, disent-ils, nous, on le sait » et « À nous (IGPN) on ne la fait pas, car on connaît la musique ». Il n'y aurait donc que des flics pour contrôler des flics. Boutade, on l'a dit, car l'IGPN remplit bien d'autres tâches. C'est sans doute sa force et la raison principale qui la rend aussi sûre de son avenir. Reste que son procès est permanent. Difficile de faire abstraction des « violences policières ». Pas une semaine ne passe sans qu'une vidéo soit mise en ligne sur les réseaux sociaux ou qu'une plainte soit déposée. Sans qu'on parle de racisme et parfois de flics corrompus, alors que, de l'aveu même des responsables, ce sujet dont la presse parle peu est celui qui les préoccupe le plus. L'IGPN semble prisonnière d'une image associée à ces brutalités policières dont s'abreuvent les réseaux sociaux et à une critique chronique, celle de la carence. L'Inspection ne serait que le bouclier de la police, chargée de la protéger et de la blanchir quand elle faute. Elle classerait sans sourciller. Pour les chefs de l'Inspection, cette critique qu'ils jugent injuste et fausse est une antienne.

En ce début d'année 2020, alors qu'elle reçoit, pour ses vœux, en grande pompe ses collègues, Brigitte Jullien a voulu en faire la démonstration. Elle a sondé l'histoire. Depuis quelque temps trône sur son bureau un gros dossier d'archives. S'étale sur sa couverture le nom de Petiot – cet ignoble tueur en série et détrousseur de cadavres juifs guillotiné après guerre. Son nom est associé à trois lettres : IGS (Inspection générale des services). À l'époque, la presse avait accusé la police d'être complice et d'avoir protégé la fuite du tueur. Jullien a mis ce gros dossier avec ses longues pages dactylographiées de témoignages, de notes et de rapports en images. Elle en a fait un petit film réalisé en interne qu'elle commente elle-même devant ses pairs.

À l'époque, la presse (celle de la Collaboration) tire à boulets rouges sur la police qu'elle accuse d'avoir été la complice du tueur en série qui, non seulement dépouillait ses victimes juives de leurs biens, mais les faisait disparaître dans une chaudière installée dans la cave et dont les fumées s'échappaient dans le ciel de Paris. Face aux attaques, le préfet Amédée Bussière[1] sort de ses gonds. La police parisienne ne peut être souillée par de telles accusations, et il saisit l'IGS pour dissiper toute suspicion. Il veut tout savoir de l'enquête, il l'écrit dans la lettre de mission qu'il adresse au chef de l'IGS. Il veut tout savoir même s'il faut remonter très haut et dans le temps. L'IGS transmet peu après au préfet Amédée Bussière un gros dossier (celui qui trône sur le bureau de Jullien), résultat d'une énorme enquête qui a fini par exonérer les policiers. Tout cela établi avec des documents. Sans complaisance. Pas de complicité, pas de flics en cheville avec l'immonde détrousseur Petiot. Le service a blanchi la police parisienne, la police judiciaire en particulier. Il n'y a donc eu aucune négligence et la campagne de presse contre la PJ se révèle dénuée de fondement.

Exhumant des archives cette page sinistre de l'histoire du crime qu'a été l'affaire Petiot, la cheffe de l'IGPN a voulu envoyer un message à ses détracteurs.

1. En poste à Paris de 1942 à 1944, condamné à mort à la Libération et gracié en 1951.

Les critiques faites à la police ne sont pas toujours recevables ni fondées. Les services d'inspection ne doivent pas être accusés sans preuves de mal faire ou, pire, de ne pas faire leur travail. Certes, l'IGPN n'est pas sans défauts. Elle n'est pas parfaite, loin de là. Et nul ne doit se soumettre aveuglément à ses vérités. En revanche, la critique doit être équitable et fondée.

Un service très politique

Si ce livre n'est pas un livre d'histoire mais le résultat d'une enquête, rappelons quand même que l'IGPN existe depuis décembre 1884, créée sous la présidence de Jules Grévy, sous la IIIe République. Elle ne compte à ses débuts que deux commissaires spéciaux chargés du contrôle et qui rendent compte au directeur de la Sûreté générale ! C'est un service d'élite. En août 1899 apparaît un contrôleur général des services extérieurs. Il a pour tâche de surveiller tous les agents appartenant à diverses administrations publiques. En 1907, Georges Clemenceau, le « Tigre », crée un conseil d'enquête compétent pour toutes les questions disciplinaires et, en décembre 1918, le contrôle de la police est confié à des policiers de haut rang et expérimentés. Ils sont chargés de missions délicates et de renseignement.

L'IGPN dépend du ministre de l'Intérieur alors que l'IGS, plus ancienne – son histoire remonte à 1854 –, a été rattachée au préfet de police de Paris jusqu'en 2012. Si l'IGPN a longtemps traité peu de dossiers disciplinaires, en revanche l'IGS a croulé sous la tâche. Les plus surveillés ont été les flics de la Mondaine avec leur cohorte d'indics et de voyous qui échappaient à la justice. La PJ a aussi longtemps souffert à Paris d'une réputation de violence injustifiable. Rattachée à la « Crim' », une de ses brigades (la brigade des agressions et violences, la BAV) brillait après guerre dans le tabassage. Installée au quatrième étage du 36[1], elle fut longtemps surnommée avec délicatesse la « brigade couscous ». Elle avait été créée dans les années 50 pour lutter contre la criminalité nord-africaine dans les quartiers nord de Paris. Pour la « police des polices », la guerre d'Algérie sur le sol métropolitain a été un angle mort. Ses dossiers – ceux que j'ai consultés – ne plaident pas en sa faveur. Elle aura été une période noire. Sans dignité. Beaucoup de policiers sombraient dans l'esprit de vengeance. Durant la guerre d'Algérie, 67 policiers ont été abattus dont 35 relevaient de la seule préfecture de police de Paris. Des gardiens exécutés devant des commissariats, sur des passages piétons, aux arrêts d'autobus. « Les flicards ont vite réglé les problèmes… Nous, on tapait les PV, pas eux », confie un ancien flic de la BAV[2]. Mais le métier de flic a des exigences.

Max Fernet, le directeur de la PJ parisienne du temps du FLN et de l'OAS, conscient que la haine aveuglait de plus en plus de policiers, avait été clair.

1. Le 36, quai des Orfèvres dans le centre de la capitale, où se trouvait le siège de la Direction régionale de la Police judiciaire de la préfecture de police de Paris.

2. André Larue, *Les Flics*, Fayard, 1969.

En sage, il disait à ses hommes : « [Ne faites que] de la procédure, oubliez vos sentiments, vos convictions. Ne voyez que le côté pénal de leurs actes. Ou ils ont enfreint le Code et vous faites votre travail, ou il n'y a pas de motif d'inculpation et vous les relâchez. » Il leur rappelait aussi cette vérité que bien souvent dans les dossiers criminels des policiers oublient : « Vous n'êtes que les collaborateurs du juge d'instruction, c'est lui qui décide. »

Le cimetière des éléphants

L'IGS, dans l'esprit public, ce sont les « bœufs-carottes » et l'IGPN le « cimetière des éléphants ». Mais pourquoi ? Le bœuf-carottes, c'est le flic qui laisse le ripou mitonner dans son jus. L'IGPN, c'est une autre histoire.

Si l'IGS a eu aussi la réputation à certains moments de servir de « dépotoir » et d'avoir même accueilli quelques ripoux dans ses rangs, l'IGPN a souvent été de son côté l'île d'Elbe de quelques grands flics ayant cessé de plaire. Parfois d'ailleurs momentanément. La mise au rancart n'ayant été qu'un purgatoire. Le procédé est même ancien. Le petit film de la cheffe de l'IGPN ne dit pas que Lucien Pinault, le patron de la Crim' qui a supervisé l'arrestation de Marcel Petiot, fut quelque temps un « bœuf-carottes ». En mai 1941, ce fils de gendarme entré dans la police après la guerre de 14-18, ex-élève de l'école des officiers de Saint-Maixent, ne plaisait pas aux chefs du 36. Alors il est muté à l'IGS où, plus tard, il sera coopté dans un réseau de résistance. À la Libération, Pinault a rejoint le troisième étage de la PJ parisienne. Il occupe désormais le bureau du patron de la Crim', celui qui a une vue sur la place Dauphine. Il en tapisse les murs de photographies d'alpinisme dont il est un passionné. On a dit que « ses hommes se seraient jetés au feu pour lui ». Le film ne dit pas non plus que c'est dans le bureau de Pinault que Petiot, arrêté le 31 octobre 1944 par les inspecteurs Hillard et Poirier, a confessé ses crimes. Assis dans le célèbre fauteuil au velours élimé et aux bras en noyer où les truands soulageaient leur conscience.

J'ai rencontré quelques-uns de ces grands flics alors qu'ils étaient placardisés : Ange Mancini, Claude Cancès ou encore Jacques Genthial (aujourd'hui décédé), cet esprit vif viré de la Crim' à la suite des intrigues de la cellule de l'Élysée. Récupéré par Pierre Joxe devenu ministre de l'Intérieur et qui lui confia le soin de moderniser la police, Genthial a bâti en France la police technique et scientifique (la PTS) d'aujourd'hui, puis, saqué à nouveau, il est expédié à l'IGPN par le clan des pasquaïens. Il y sera maintenu par Jean-Louis Debré. Dans ce moment de punition, il a médité et promu la « police de proximité » dont il est également le père spirituel, le concepteur, et dont beaucoup n'ont retenu qu'une mince caricature, la faisant passer volontiers pour un vulgaire îlotage, ce qu'elle n'était pas. Ceux-là n'ont visiblement pas lu les nombreux rapports que Genthial a écrits sur ce sujet alors qu'il était à l'IGPN.

Ange Mancini, simple grouillot à ses débuts, a créé le RAID avant de devenir plus tard un des patrons de la PJ puis préfet et enfin coordinateur du renseignement sous l'ère Sarkozy. Quant à Claude Cancès, homme madré et habile, il est une figure de la PJ parisienne qui a vécu aux premières loges la plupart des grandes affaires du 36. Comme Mancini, il a soudain cessé de plaire à une époque où rayonnait sur la PJ le chef de l'antiterrorisme Roger Marion, lui aussi finalement placardisé mais à l'IGA (Inspection générale de l'administration), ayant été après son départ de la police nommé préfet.

Marcel Leclerc, cette autre figure de la PJ parisienne, sera lui placé à la tête de l'IGPN qui, lors de la première cohabitation (1986-1988), sert de police supplétive aux pasquaïens.

Cimetière ou dépotoir, l'Inspection est bien plus qu'un placard. On sait qu'elle contrôle et réalise des enquêtes disciplinaires, dispose d'un cabinet des études, de l'analyse, de la déontologie et de la règle, d'un autre réservé aux inspections et aux audits. À cela qui fait leur carte de visite usuelle s'ajoutent les rapports confidentiels que recèlent leurs coffres-forts, suscitant des curiosités malintentionnées. Durant des années, certains ont tenté d'accéder à quelques rapports épinglant des huiles de la PJ, tel ce chef qui, Place Beauvau, avait la mauvaise habitude de fréquenter des ténors du milieu. Quelques affaires de mœurs compromettantes impliquant des flics ont elles aussi attisé la curiosité : des notes et des rapports très confidentiels faisaient saliver sans que pour autant ils compromettent les carrières.

L'Inspection, ce sont des archives considérables, une mise à nu de l'institution policière. Ce n'est pas la matière qui manque. Les enquêtes des cabinets de discipline compilent des rapports, des écoutes téléphoniques, des notes de renseignement. On a longtemps espionné les militants syndicaux ou mené des enquêtes poussées sur les néonazis infiltrés dans la police.

L'Inspection est donc aussi un service éminemment politique et ceux qui la dirigent sont de très hauts gradés de la police et l'ont toujours été.

Est-ce toujours le cas ?

2

Belmondo passé à tabac

Les archives de la police sont riches d'enseignements. Ainsi il existe une forme d'égalité devant le passage à tabac. La plus constante et la plus répandue des violences policières. Cette vérité m'est apparue en parcourant un vieux dossier. Il démontrait que nul n'est à l'abri des coups, y compris une célébrité.

Les faits remontent au 20 avril 1963. Il est 19 heures, rue Édouard-Vaillant à Boulogne-Billancourt, quand une voiture percute un cyclomotoriste. L'homme atterrit inconscient sur la chaussée, il saigne du nez et des oreilles. Police Secours met dix minutes pour arriver sur les lieux. Puis, avant de transporter le blessé, les policiers décident de faire le plan du carrefour afin de déterminer les responsabilités de l'accident. Un attroupement de badauds s'est formé. On tarde à emporter le blessé jugé dans un état grave, les passants s'en étonnent et même s'en indignent. Belmondo est un de ceux-là. Alerté par l'attroupement, il a garé sa voiture et en est descendu, se mêlant à la foule des badauds avec l'ami qui l'accompagne, l'ex-champion de boxe Maurice Auzel.

Avisant le blessé, l'acteur vedette d'*À bout de souffle* observe d'un ton gouailleur : « L'homme peut mourir, la paperasserie passe d'abord. » Il n'est pas le seul à le penser. Les esprits s'échauffent et pour ramener le calme, dira-t-il, un agent de police décoche un « swing » à Belmondo. L'acteur s'effondre. Assommé, groggy, quasi inconscient, il est emmené à l'hôpital puis au commissariat. Le commissaire lui reproche de s'être mêlé de ce qui ne le regardait pas. Il lui fait signer une déposition toute prête alors que Belmondo est encore dans le coaltar. Son avocat le fera libérer dans la soirée. À minuit, Belmondo établit un constat pour le bleu à la mâchoire puis dépose plainte quatre jours plus tard pour « coups et blessures et abus d'autorité ».

« Bebel » est resté vingt-cinq minutes dans le potage. « J'ai pris le coup en pleine décontraction, je me tenais les mains dans les poches, je crois même que j'avais un clope aux lèvres », racontera-t-il. Il s'écroule. « La tempe a donné sur le bord du trottoir. Ils ont eu du pot que j'y reste pas. » Ce que décrit Belmondo ressemble à un traumatisme crânien. « J'ai dormi pendant vingt-cinq minutes puis je suis resté dans les vapes plus de trois heures. Sous prétexte que j'ai gerbé dans le car de police où ils m'ont balancé comme un tas de viande, ils disent que j'étais rond. Après le talbin qu'ils m'ont filé dans la nuque, pas étonnant que j'aie gerbé. » Et il ajoute avec la même gouaille : « Y a que moi qui ai morflé [...] les poulets, ils n'ont pas pris un coup. »

La 14e chambre correctionnelle juge l'affaire. Belmondo est accusé du classique « outrage à agents » et le gardien du tout aussi classique « coups et blessures » dans ses fonctions. C'est la règle : une victime ne peut être innocente, car en aucun cas la police ne peut perdre la face. Le journal *Franc-Tireur* dénonce « l'impunité quasi totale dont bénéficient les policiers boxeurs lorsqu'ils s'en prennent à Monsieur Tout-le-monde ». *Police de Paris,* le journal du syndicat CFTC de la police parisienne, s'indigne dans son numéro de mai 1963 de la campagne anti-flics qui s'étale dans la presse. Le syndicat écrit qu'on s'intéresse moins aux policiers blessés dans l'exercice de leurs fonctions, éléments de langage décidément communs et habituels, sinon éternels. *Le Canard enchaîné* consacre une page à l'événement. En titre : « LE POULET DÉCHAÎNÉ ». Dans un article il s'indigne, lui aussi : « Assez de brutalité contre la police. »

Le passage à tabac visiblement bien ancré dans les mœurs policières flambe cependant par épisodes. Mai 68 lui a redonné une certaine acuité. Dans la foulée des événements, l'avocat Denis Langlois publie un livre qui fait grand bruit, *Les Dossiers noirs de la police française* (Le Seuil, 1969). Lui et son éditeur vont crouler sous les poursuites.

Un tel livre (réquisitoire documenté contre les bavures policières) n'existait pas. Langlois suit ces affaires pour la Ligue des droits de l'homme. Il recueille les témoignages des gens qui se plaignent de la police. Sa sensibilité sur ce sujet lui vient du séjour qu'il a effectué en prison pour des faits d'insoumission et de désobéissance. À Fresnes, il a recueilli les témoignages de taulards sur les passages à tabac dans la police et même au 36, quai des Orfèvres. Beaucoup de détenus lui ont confié leurs secrets, ils avaient confiance : « Je n'ai pas voulu garder tout ça pour moi », dit-il[1]. Il sera un des piliers de la commission d'enquête instituée après le passage à tabac le plus retentissant de l'après-68.

« Par pitié, laissez-moi respirer »

Journaliste scientifique alors âgé de 32 ans, Alain Jaubert n'oubliera pas ce 29 mai 1971. Il fait aujourd'hui lui-même partie de l'histoire de la police. L'« affaire Jaubert » a fait grand bruit, du moins dans la presse écrite de l'époque[2].

Le tabassage se déroule un jour de manif, rue Clignancourt dans le XVIIIe arrondissement de Paris, où s'est formé un attroupement. Un homme saigne et délire. Il souffre d'une plaie au cuir chevelu. Conduit dans une pharmacie, il est agité, nerveux. On l'apaise et, lorsqu'il est redevenu plus calme, le pharmacien le fait sortir par une porte dérobée. À ce moment-là, Alain Jaubert intervient alors qu'un car de Police Secours pile près de l'officine, suivi d'une colonne

1. Entretien avec l'auteur. Voir son témoignage, *Le Cachot*, Maspero, 1967.

2. J'emprunte à divers récits d'Alain Jaubert, dont un paru dans *Spécial flics* distribué le 3 juin 1971 dans les salles de rédaction avec comme titre « NOUS PORTONS PLAINTE CONTRE LA POLICE ». Alain Jaubert m'a aussi aimablement proposé d'utiliser le récit de ce passage à tabac rédigé pour un livre de souvenirs à paraître. Lorsque je cite ce témoignage, les extraits sont mis en italique.

de mini-Jeep remplies d'hommes casqués et utilisées à cette époque pour le maintien de l'ordre.

« Vous n'avez qu'à le traîner jusqu'au car », dit un policier. « Non, pas de photos », dit un autre alors que le blessé chancelant grimpe dans le fourgon. Alain Jaubert qui a décidé d'accompagner le blessé monte à son tour. Il ignore qu'il s'apprête à entrer dans l'histoire du fait divers politique de l'après-68. Le chef de car donne son accord après que le journaliste a exhibé ses papiers et sa carte de presse : « Très bien », dit-il. Puis brinquebalant sur la voie pavée, le car file vers l'hôpital Lariboisière. « Un couteau à cran d'arrêt et un pistolet d'alarme, voilà ce que j'ai trouvé sur lui », lâche un pompier grimpé lui aussi dans le car mais qui apparemment n'est pas plus pompier que Jaubert est policier.

Dans le car, glissé sur le sol, le blessé marmonne. Il balbutie « des menaces confuses à l'endroit des policiers », se souvient Jaubert qui s'assoit près de lui : « Arrête de dire des injures, tu pourrais t'attirer des ennuis », lui dit-il. Un flic dévisage alors Jaubert, hausse le ton et lui lance : « Qu'est-ce que tu fous ici, connard ? » La phrase agit comme un « top de départ ». S'abat aussitôt sur Jaubert au physique plutôt frêle une avalanche de coups. « Je suis journaliste », crie-t-il pour réfréner l'ardeur des agresseurs. Au contraire, cette précision la décuple. *À ce moment-là, le brigadier […] a crié par la petite lucarne grillagée qui sépare la cabine du fourgon : « Ça suffit, videz-moi cette ordure de là. »* Jaubert est éjecté du car. La police prétendra plus tard qu'il avait agressé les policiers qui s'y trouvaient ! Le voilà sur la chaussée, étendu sur le pavé, entouré de policiers descendus des voitures qui suivaient le fourgon.

Il entame son chemin de croix. Il raconte :

Le commandant du détachement de Jeep m'a marché sur la tête. L'homme a délibérément posé son pied chaussé d'un gros godillot sur mon profil et a appuyé de tout son poids. Mes lunettes ont été écrasées, les éclats de verre jaillissant tout autour et me pénétrant dans la tempe et le cuir chevelu.

Puis les coups s'enchaînent. Jaubert rebondit d'un policier à l'autre : *J'ai pu lâcher : « Par pitié, laissez-moi respirer. » J'ai entendu : « Ta gueule, charogne. »*

Alain Jaubert est tabassé durant une vingtaine de minutes : *Je ne sentais plus rien,* dit-il. *Les premiers coups faisaient vraiment mal. L'adrénaline efface la douleur.* On lui serre les testicules si fort qu'il s'évanouit. Jaubert perd connaissance dans la cour de l'hôpital Lariboisière. Un gradé lance : « Ça suffit ! » et le répète à trois reprises. Non par pitié mais pour ne pas alerter les « civils », de surcroît des soignants. Mais ses hommes sont déchaînés. Ils n'entendent pas, n'obéissent pas. Le gradé doit monter dans le car pour faire cesser le tabassage.

Jaubert est placé en garde à vue car (c'est une règle non écrite) il ne peut évidemment être une victime. Il est conduit à la salle Cusco de l'Hôtel-Dieu où l'on soigne les détenus. Une sorte de dépôt médicalisé. Une grande salle placée sous surveillance. Jaubert a survécu, il n'est pas mort. Il souffre d'un traumatisme crânien et d'un traumatisme nasal. On relève sur son corps une trentaine d'hématomes. La police du XVIIIe arrondissement de Paris et l'Inspection générale des services, l'IGS, ne contribueront guère dans cette affaire à éclairer la justice. Elles recueillent pour le juge des témoignages insignifiants si peu fiables qu'ils pourraient bien avoir été fabriqués.

Cinquante ans plus tard, le passage à tabac n'a toujours pas été éradiqué dans les rangs de la police, mais désormais ces déchaînements de violence peuvent être filmés. Cela change tout.

Un producteur bien secoué

La victime se nomme cette fois Michel Zecler. Producteur de musique, il a été tabassé dans un lieu privé. Chez lui. La faute de ce Noir traité dans la foulée de « sale nègre » ? Il ne portait pas de masque anti-Covid selon ses agresseurs policiers, un brigadier et deux gardiens.

La scène se passe le samedi 21 novembre 2020 dans le XVIIe arrondissement. Un beau quartier de la capitale et à la tombée de la nuit. Les adversaires de l'IGPN saisissent l'occasion pour réclamer la suppression de cette instance de contrôle qui ne contrôlerait rien et plierait sous les pressions du milieu policier dont elle est l'émanation. Réflexe pavlovien. Pour l'heure, l'IGPN est de nouveau saisie par le parquet pour enquêter sur ce passage à tabac, entorse flagrante à la déontologie.

D'origine martiniquaise, Michel Zecler est un producteur de rap. L'homme est connu mais discret dans le milieu du hip-hop français. 41 ans, enrobé, il a la démarche pesante, ralentie. Il a grandi à Bagneux dans la banlieue sud de Paris et est un ex-proche de la chanteuse Diam's. Zecler ne trouve pas sa voie sur scène alors il choisit les « *backstages* », les coulisses, l'envers du décor. À défaut de chanter lui-même, il produira les autres dans son propre studio. C'est un bosseur, un homme discret, ni brailleur, ni agressif, ni m'as-tu-vu.

Avant que l'on déterre son casier judiciaire – c'est un rituel dans les affaires de violences policières –, Zecler prend les devants. À ceux qui l'ignorent il révèle qu'il est passé par la case prison mais que, depuis ces quinze dernières années, c'est un homme sans histoires. Sur Instagram, il incite au calme. Ses supporters ne doivent pas faire d'amalgame. Lui-même pratique le close-combat avec des policiers, dont certains sont des amis, dit-il à *France Antilles*.

Cet homme tranquille fait la une des télés et des réseaux sociaux. Les flics ont été pris sur le fait, filmés par une caméra de surveillance. Durant quinze minutes, ils rouent de coups le producteur dans son propre studio. Aidé par quelques amis, ce dernier repousse les intrus sur le trottoir et s'enferme dans ses locaux. Les policiers le pressent alors de rouvrir la porte et menacent de tirer. Zecler obtempère tandis que des renforts de police se massent devant le studio d'enregistrement. Sur le trottoir, Zecler est de nouveau frappé, cette fois par une dizaine de policiers. La scène est encore filmée mais par des téléphones portables. Conduit au commissariat, il est placé en garde à vue. Il a le « crâne ouvert », un « tendon déchiré et des hématomes un peu partout ». Dans un PV les policiers donnent leur version des faits aussi subjective que mensongère, à en croire le parquet qui, dans un premier temps, s'est fié à leurs déclarations. Il les croit jusqu'à ce que les images de la bastonnade soient révélées, diffusées par le site d'information Loopsider. La mouche change d'âne et le parquet a décidé de poursuivre les policiers pour violences et faux en écriture publique, accusation qu'ils contestent et sur laquelle l'enquête est en cours.

L'IGPN a mené, en 2015, 53 enquêtes pour faux en écriture. 53 faux, c'est beaucoup ! Sans doute n'est-ce de surcroît que la partie immergée d'un phénomène en pleine recrudescence. L'IGPN explique que « pour beaucoup il s'agit d'occulter partiellement ou totalement des agissements répréhensibles tels que des violences illégitimes... ». Or un faux en écriture est un grave délit que la loi punit avec sévérité. Je la cite : « Le faux commis dans une écriture publique ou authentique ou dans un enregistrement ordonné par l'autorité publique est puni de dix ans d'emprisonnement et de 150 000 euros d'amende. L'usage du faux mentionné à l'alinéa qui précède est puni des mêmes peines. Les peines sont portées à quinze ans de réclusion criminelle et à 225 000 euros d'amende *lorsque le faux ou l'usage de faux est commis par une personne dépositaire de l'autorité publique ou chargée d'une mission de service public agissant dans l'exercice de ses fonctions ou de sa mission.* » Il est rare me semble-t-il que la loi s'applique avec une telle sévérité.

Les agresseurs de Michel Zecler n'ont pas obtenu le soutien habituel. La solidarité du milieu policier a ses limites. Elle se fait discrète devant ce déchaînement de violences gratuites. Frédéric Veaux, le directeur général de la police nationale, le DGPN, a stigmatisé un comportement de délinquants[1]. Rappelant qu'en 2020 39 policiers ont été exclus de la police nationale et 34 en 2019 sans préciser d'ailleurs pour quelles raisons ils l'avaient été. Le SGP Police-FO qualifie ce comportement d'inadapté – étrange qualificatif. On se demande à quel type de circonstances ce genre de comportement pourrait être adapté !

Si le passage à tabac reste une des violences les plus communes, l'IGPN doit en outre faire face ces dernières années à une recrudescence des polémiques…

1. *Le JDD*, 29 novembre 2020.

3

Martyrs et bavures

Jérôme Rodrigues a été commerçant durant plus de vingt ans avant de connaître une soudaine renommée lors du mouvement des « gilets jaunes ». Portugais de Coimbra ayant longtemps vécu à Tremblay-en-France, cette figure du mouvement a géré un magasin de jouets à Paris, été quelque temps SDF et souhaitait se reconvertir dans la plomberie.

Accéder au statut de vedette aura pour lui un prix. Jérôme Rodrigues paie comptant dans sa chair ce soudain attrait des médias pour sa personne et l'intérêt qu'il suscite sur sa page Facebook. Il est éborgné par un tir de LBD (lanceur de balles de défense) le 26 janvier 2019 place de la Bastille. Ce jour-là, 18 tirs de LBD ont été déclarés par les policiers. Rodrigues a été, dit-il, ciblé. On aurait délibérément tiré sur lui, ce qu'il faudra établir. Il est en tout cas évacué debout, sur ses jambes. Le car de pompiers censé le conduire à l'hôpital était bloqué par la police.

Rodrigues est une et non l'unique victime du LBD. L'arme la plus génératrice de blessures graves – 1 tir sur 337 en occasionne une – avec les grenades à main de désencerclement (GMD), de l'aveu même de la police qui fournit d'ailleurs les chiffres. En 2018, l'usage du lanceur de balles de défense (LBD) et des grenades de désencerclement a bondi, augmentant de plus de 200 % – 19 071 cartouches de LBD contre 6 357 l'année précédente. Or, à chaque blessure grave, l'IGPN effectue une enquête. La plupart ne sont pas concluantes. Un de ses chefs explique. Son raisonnement peut déplaire mais il s'applique aux faits : « Il y a une architecture de la force dans le maintien de l'ordre », dit-il. Il existe « un système de réponse gradué » et surtout, ajoute-t-il, « ce n'est pas la gravité de la blessure qui détermine la légitimité de l'usage de la force par les forces de l'ordre. L'usage est présumé légitime jusqu'à ce que les éléments disent le contraire ». Pour comprendre la logique d'une enquête de l'IGPN et ces classements qui peuvent parfois choquer, il faut avoir cela à l'esprit.

Tout comme irrite la longueur des enquêtes sur les policiers, toujours plus longues que celles sur les « gilets jaunes ». Ces derniers sont jugés la plupart du temps en comparution immédiate alors que pour les policiers l'enquête est systématique. Pour eux, il n'y a pas de possibilité d'interpellation en flagrant délit. L'Inspection doit d'abord identifier les auteurs des faits, établir ces faits et recouper les témoignages.

Un syndicaliste de la CFDT Police précise qu'en 2017 une enquête de l'IGPN prenait en moyenne 163 jours, les 268 fonctionnaires affectés à ces enquêtes n'avaient pas à s'occuper que des affaires de « gilets jaunes », dit-il, sans parler des effectifs des services d'inspection en baisse de 10 %. L'un dans l'autre, cela a rallongé le temps moyen des enquêtes.

On peut ne pas se satisfaire de ces explications, pourtant elles éclairent une réalité conflictuelle par essence. Que cela plaise ou non, les chefs de l'Inspection rappellent que « l'usage de la force est par nature violent » et que « la loi prévoit qu'on peut disperser par la force un attroupement même en l'absence de voies de faits ». La loi l'emporte quels que soient les désagréments que son application peut causer. Il n'empêche que le sigle de la « police des polices » rime désormais avec LBD et « gilets jaunes ». Pour ces raisons et quelques autres. D'abord, le parquet a cosaisi systématiquement l'IGPN. Cela a été sa politique alors qu'il savait, dit Marie-France Monéger, la cheffe de l'Inspection au début du mouvement, « qu'il faudrait classer les affaires[1] ». Plus de la moitié de celles que son service a traitées ont en effet été classées par le parquet.

Ensuite une affaire n'en est pas forcément une. Exemple : le parquet de Paris repère une vidéo qui circule sur les réseaux sociaux laissant penser que des CRS auraient pu profiter d'un pillage pour voler des maillots de football. L'Inspection est priée de vérifier. Et de faire la lumière sur cette histoire. Elle se fait communiquer les rapports de police du commissariat du VIIIe – le pillage a eu lieu sur les Champs-Élysées. Elle auditionne plusieurs policiers. En définitive, aucun vol. Les CRS que l'on voit accroupis ramassant des maillots de sport les ont simplement apportés et

1. Entretien avec l'auteur.

déposés au commissariat afin qu'ils ne restent pas sur la voie publique.

La plateforme Pharos, elle aussi, a alourdi la charge de travail de l'IGPN. Elle répertorie les signalements ou les dénonciations si l'on veut. Bien qu'un signalement ne constitue pas en soi une plainte judiciaire, il doit néanmoins être vérifié afin de s'assurer qu'il y a eu, ou non, une infraction. Pour cela une enquête est diligentée sous l'autorité du procureur de la République. En 2018, 163 723 signalements ont été traités par la plateforme Pharos.

Le maintien de l'ordre n'est pas assuré que par des policiers spécialisés qui peuvent certes eux aussi faillir. Sont également employés des effectifs moins préparés comme ceux de Police Secours, des BAC (brigades anti-criminalité), des BRI (brigades de recherche et d'intervention). Et comme le constate l'IGPN, « aujourd'hui ce sont eux qui sont visés par les enquêtes ». Très peu concernent les CRS, qui se targuent d'être responsables des formations de maintien de l'ordre de l'ensemble des pays de l'ONU, ce qui ne les immunise pas pour autant contre les fautes et les bavures.

Enfin, durant de longs mois, les centres-villes se sont transformés en zones de casse. Ce qui mécaniquement accroît l'activité policière et l'intensité de la répression. En 1979, une directive de Valéry Giscard d'Estaing, alors président de la République, interdisait les manifestations dans les centres-villes s'il n'existait une garantie absolue de sécurité[1]. Elle

1. *Valeurs actuelles,* 2 avril 1979.

survenait après les incidents ultra-violents du 23 mars qui avaient émaillé la démonstration de sidérurgistes « en colère » à Paris : 121 vitrines brisées, des pillages, des agressions et plus de 100 blessés parmi les forces de l'ordre. Les autonomes (les *black blocks* d'alors) avaient entreposé des cocktails Molotov dans des consignes automatiques de la gare de l'Est. Ce jour-là, les chefs de la police avaient laissé faire et même orchestré en sous-main des violences. Des policiers déguisés en casseurs seront interpellés par le service d'ordre de la CGT. Il arrive en effet que l'État opte pour une stratégie de la tension, en secret bien sûr, et contribue ainsi au désordre et aux violences policières.

Alors ministre de l'Intérieur, Nicolas Sarkozy a joué lui aussi, en 2006, les apprentis sorciers lors de la manifestation contre le CPE, le contrat premier emploi. Le 26 mars, sur l'esplanade des Invalides, des casseurs encagoulés ratonnaient de jeunes manifestants. Sarkozy confiait en petit comité : « Nous avons pris la décision de laisser les bandes de Blacks et de Beurs agresser les jeunes Blancs aux Invalides tout en informant les photographes de *Paris Match* de sérieux incidents[1]. »

La multiplication des violences a donc des causes multiples, dont le laisser-faire n'est pas la moins significative. Elle est en revanche la moins connue.

1. Patrick Buisson, *La Cause du peuple*, Perrin, 2016, p. 64.

Mort d'avoir trop filmé

Ministre de l'Intérieur, Bernard Cazeneuve en parlait comme d'un bienfait : « Filmer, c'est une garantie pour les citoyens mais aussi pour les policiers », déclarait-il le 8 mai 2016. Le débat n'est toujours pas tranché. Filmer reste une pomme de discorde. La mort du livreur Cédric Chouviat a même été en janvier 2020 le point d'orgue d'un débat controversé. Interpellé le 3 janvier quai Branly, à Paris, il subit une « clé d'étranglement » et un « plaquage ventral » avant de mourir, dans la nuit du 4 au 5, à l'hôpital. Son décès sera annoncé par la Ligue des droits de l'homme. Le mode d'interpellation en est-il responsable ? La question se pose.

La police l'a contrôlé et verbalisé alors qu'il téléphonait en conduisant son scooter. Le ton avec les policiers a monté. Chouviat les filme avec insistance, protestant contre le contrôle qu'on lui inflige qu'il trouve injustifié. La confrontation cesse peu à peu d'être purement verbale, et elle s'envenime. Elle devient âpre et physique. Le livreur est plaqué au sol. La situation dérape et prend même un cours tragique. Menotté par trois policiers qui le pressent sur le sol, il répète à sept reprises : « J'étouffe », cette exclamation souvent employée par les victimes de ce type de menottage mais aussi de passage à tabac. « Lors de son contrôle, écrit Mediapart (23 mars 2020), le livreur avait tenu à enregistrer ses échanges avec les policiers. » Cela, hélas, lui a été, d'une certaine façon, fatal.

La mort de Cédric Chouviat déclenche une polémique qui oppose les tenants du *copwatching* – les partisans d'une surveillance étroite des actions de la police – et les syndicats de police. Les premiers y voient la preuve qu'en filmant on fournit à la justice et à l'enquête des éléments de preuves et les seconds qu'il faut interdire de filmer les policiers – ceux-là sans fournir de justifications claires et précises. Plusieurs associations se sont faites en France les propagandistes du filmage de flics : « Urgence notre police assassine » ou encore « Désarmons-les », ce vieux slogan apparu après Mai 68. Pour le journaliste David Dufresne, « la caméra a rendu possible l'observation des pratiques policières ». N'est-ce pas un peu excessif ? Que dire des milliers de témoignages écrits et accumulés au fil du temps ? Ont-ils servi à rien ? Au contraire, ils montrent l'existence de constantes dans ce qu'on appelle les brutalités policières. Un autre journaliste, Willy Le Devin, nuance le propos : « Depuis quelques années, dit-il, l'arrivée sur les réseaux sociaux de la captation vidéo en temps réel a complètement changé la nature et la perception des violences policières et la sensibilité autour de cette question[1]… »

J'ajoute que les images ne disent pas tout. Elles ne peuvent rendre compte seules d'une affaire. Il ne faut pas non plus croire qu'à ce que l'on voit. L'enquête de l'IGPN que la justice a saisie après la mort de Cédric Chouviat apporte sur l'affaire des éclairages mettant en évidence des pratiques policières aussi

1. *Police Magazine*, juin 2019.

surprenantes qu'inquiétantes et qui n'apparaissent pas sur les images.

L'IGPN écrit que le livreur a été mis au sol en quelques secondes par le chef de bord sous l'effet principalement d'un « étranglement arrière » avec au moins « une traction sur la gorge ». Dans son rapport, elle écrit que Cédric se serait montré irrespectueux envers l'équipage et « agressif ». Une fois mis au sol, il aurait continué à insulter les policiers. L'enquête établit également que le livreur était resté cinq minutes au sol « sur le ventre » avant de perdre conscience. Les policiers ont alors tenté un massage cardiaque mais il était trop tard. Il aura fallu près de trois minutes, indique aussi le dossier, pour que soit effectué le massage cardiaque alors que Chouviat était en train de s'asphyxier. Le massage a donc, apparemment, été tardif. Le livreur décède à l'hôpital Georges-Pompidou le 5 janvier. Trois jours plus tard, Christophe Castaner, le ministre de l'Intérieur, annonce que les écoles de police n'enseigneront plus la technique de la « clé d'étranglement » au centre des polémiques ; ce qui n'empêche pas Frédéric Veaux, le grand patron de la police nationale, d'indiquer qu'en attendant elle « pourra (toutefois) continuer d'être utilisée avec mesure et discernement ». Fin juillet 2021, cette technique tant décriée est définitivement abandonnée.

L'enquête de l'IGPN révèle encore d'étranges interventions. Un policier qui n'était pas présent sur les lieux au moment des faits donne malgré tout, et sans que l'on sache à quel titre, son avis : « Il y a eu un étranglement pour amener au sol l'individu puis ses collègues l'ont retourné pour le menotter, c'est tout[1]. » Mieux, l'IGPN relate qu'un policier de la BAC 7 a transmis un compte rendu de l'intervention à l'état-major de la Direction de la sécurité de proximité de l'agglomération parisienne (DSPAP), alors qu'il ne se trouvait pas sur les lieux. Il rend compte de ce qu'il n'a pas vu ! Il écrit : « Pendant la rébellion, il [Chouviat] a fait un arrêt cardiaque. » Il formalise de sa seule autorité – laquelle ? – une version des événements qui exonère l'équipage impliqué dans la mort de Chouviat.

Il écrit : « Il s'agissait juste de maintenir l'individu avec une clé de bras [?] pour lui passer les menottes » avant d'affirmer qu'« il n'y a pas eu d'étranglement ni de coups portés ». Dans son rapport, l'IGPN cite d'ailleurs un des policiers impliqués dans l'histoire qui jure qu'il n'a « jamais eu l'intention ni la sensation d'étrangler ». Ajoutons à cette pour le moins curieuse façon de procéder l'intervention d'un autre « témoin » lui aussi absent lors de l'interpellation. Ce policier n'hésite pas à mettre son grain de sel dans le compte rendu adressé à l'état-major de la DSPAP. Il raconte de seconde main lui aussi ce qu'il n'a pas vu : « Il [Chouviat] est amené au sol par les collègues [...] qui s'aperçoivent qu'il ne respire plus et entament le massage cardiaque. » Ces phrases d'un témoin qui n'en est pas techniquement un vont abonder (officiellement) les communiqués de la préfecture de police au début de l'affaire avant

1. Rapporté par Mediapart le 23 juillet 2020.

que le cabinet du préfet ne reprenne les choses en main. Au-delà de la responsabilité éventuelle des policiers dans la mort de Cédric Chouviat, cette affaire démontre dans sa gestion une incroyable légèreté et d'inquiétantes pratiques. Invoquer l'État de droit est une chose, le mettre en pratique en est visiblement une autre.

L'IGPN a remis son rapport au juge et la justice a mis en examen les trois policiers pour « homicide involontaire » qui, à l'instant où j'écris, n'ont toujours pas été jugés[1].

Mort par noyade

L'affaire de Nantes, largement relayée dans la presse, a été évoquée dans de nombreux rapports internes de l'administration et dans des rapports de police.

Le drame survient lors de la fête de la Musique dans la nuit du 21 au 22 juin 2019, le long d'un quai, en bord de Loire. Cette nuit-là, Steve Maïa Canico, tombé à l'eau, disparaît. Il avait 24 ans. Son corps ne sera repêché que le 29 juillet 2019, trente-huit jours après sa disparition.

Brigitte Jullien a pris depuis peu ses fonctions. Elle est à la barre de l'IGPN, cette police des polices où elle a servi à la fin des années 80, quand elle dirigeait à Paris un des trois cabinets d'enquête de l'IGS.

1. Ils sont par conséquent innocents jusqu'à preuve du contraire.

La voilà immergée brusquement dans le chaudron, quasiment cueillie à froid. Le cabinet du ministre Christophe Castaner n'a pas attendu pour publier le rapport de l'IGPN. Il le fait précipitamment alors que le corps de Canico enfin repêché n'a pas encore été autopsié. L'IGPN aurait suggéré de reporter sa publication mais au cabinet du ministre on croit qu'il est au contraire urgent de le diffuser. L'opinion publique s'est émue de la mort de ce jeune homme dans des circonstances qui peuvent paraître obscures. Beaucoup veulent savoir ce qui s'est passé. Et s'il y a des responsabilités, les connaître et qu'elles soient sanctionnées. Y a-t-il eu accident ou bien le jeune animateur scolaire a-t-il été bousculé lors d'une charge de police pour se retrouver à l'eau alors qu'il ne savait pas nager ?

Les premiers jours, l'affaire draine un flot d'informations. Deux associations ayant participé à l'organisation de la fête de la Musique ont recueilli 140 témoignages. Des politiques s'en mêlent, tout comme Amnesty International. L'affaire se politise et les slogans fusent : « Justice pour Steve, sans justice pas de paix », « On ne lâchera pas l'affaire » ou encore « Ni oubli ni pardon ». Ces phrases s'étaleront sur les banderoles dans les cortèges qui commémorent à Nantes, en 2020, le premier anniversaire de la mort de Steve. Les infos qui fleurissent dans la foulée de la disparition sont parfois contradictoires et les questions posées n'obtiennent pas de réponse, certaines créant même la polémique. Tout cela suscite et entretient un climat de suspicion.

Quand le rapport de l'IGPN est rendu public, il fait l'unanimité contre lui. Il choque et agace jusqu'aux syndicats de policiers qui trouvent que l'IGPN en fait trop en mettant les pieds dans le plat. Steve ne serait-il pas tombé dans l'eau avant l'intervention de la police ? Peut-être est-ce le cas, mais cette suggestion apparaît comme une tentative de blanchiment de la police. L'IGPN s'interroge sur l'heure du dernier bornage du téléphone de Steve, qui ferait douter de l'heure à laquelle le jeune homme est tombé à l'eau. Un texto daté de 5 heures du matin : « Je suis trop fatigué, j'ai besoin d'aide » pourrait aussi laisser penser que Steve a pu tomber à l'eau de son seul fait sans que sa chute ait le moindre rapport avec l'intervention de la police. Le rapport l'écrit d'ailleurs. Il n'existe pas de « lien direct entre l'intervention des forces de l'ordre et la disparition de Steve ». Durant plusieurs jours, muettement, l'IGPN encaisse. Puis elle contre-attaque et répond aux critiques qu'elle considère comme injustifiées.

Brigitte Jullien et le chef de l'unité de coordination des enquêtes, David Chantreux, se défendent dans *L'Obs.* Ils n'ont pas cherché à dédouaner les forces de l'ordre, disent-ils dans l'hebdo, écrivant que l'enquête administrative qu'ils ont menée n'a pas permis d'apporter la preuve qu'il y avait « un lien entre l'usage de la force et la mort de Steve [...] des gens sont tombés à l'eau avant, pendant et après l'intervention », dit Chantreux. « Ce rapport n'a pas été écrit sur un coin de table, disent-ils, mais rédigé avec l'obligation d'éthique qui est la nôtre » et sa conclusion « est conforme aux éléments que nous avions à ce moment-là ». Chantreux rappelle que dans le cadre d'une enquête administrative, l'IGPN n'a pas l'autorité pour entendre « au-delà des agents des forces de l'ordre et des pompiers ». À ce stade, alors que l'enquête judiciaire n'en est qu'à ses balbutiements, aucun coupable ne peut être désigné. Un fusible fera l'affaire.

En septembre 2019, le commissaire chargé de l'opération de police est muté alors que l'Inspection générale de l'administration (l'IGA) vient de remettre un rapport opportun pour certains et qui ne ménage pas l'intervention de la police. Le commissaire sera par la suite mis en examen pour « homicide involontaire ». L'IGA qui considère que « les circonstances de la disparition de Steve ne sont pas établies » s'attarde sur les échauffourées qui ont opposé fêtards et policiers. Ces derniers ont tiré 33 grenades lacrymogènes, 10 de désencerclement et 12 balles de défense. Le rapport de l'IGA note un « manque de discernement dans la conduite de l'intervention de la police » mais ne ménage pas non plus la mairie de Nantes et la préfecture de Loire-Atlantique. En 2018, rappelle l'IGA, un bateau de la SNA (Société nautique atlantique) associé au dispositif de sécurité avait, lors de la fête de la Musique, sauvé « deux personnes de la noyade[1] » au niveau du quai Wilson. Autant dire que le risque était connu. La nuit du drame et de la disparition de Steve Maïa Canico, 76 policiers étaient engagés alors que, d'après la vidéosurveillance qu'a étudiée l'IGPN dans son rapport, vers 2 heures du

1. Rapport de l'IGA, p. 22.

matin on dénombrait sur le quai plus de 1 000 personnes. Le rapport de l'IGA souligne également qu'aucun membre de la préfecture n'a pris contact avec les organisateurs, ce qu'il semble regretter. Le juge d'instruction a partagé cet avis en mettant en examen pour homicide involontaire le directeur de cabinet du préfet le 22 juillet 2021, alors que la ville et la métropole de Nantes ont été placées sous le statut de témoin assisté. Pour l'instant.

Les circonstances de la mort du jeune homme n'ont toujours pas été élucidées. Cernera-t-on un jour de plus près la vérité[1] ? Face à un flux d'affaires qui ne cesse de grossir, l'IGPN entre dans une période de turbulences. Elle connaît alors une notoriété dont elle se serait sans doute passée.

1. Le magistrat instructeur semble pour l'heure considérer que l'intervention de la police n'aurait pas été sans conséquence sur la chute dans la Loire de Steve Maïa Caniço.

4

L'IGPN sur le gril

Masque blanc sur le nez, assise dans son bureau de l'IGPN, les yeux luisant presque de colère, Brigitte Jullien hausse le ton : « On a fait notre travail, et c'est faux et injuste de dire le contraire. » Elle m'a coupé la parole. Je rapportais des critiques et l'interrogeais. Elle a pris cela pour une mise en cause. Cette histoire lui tient à cœur, cela se voit et s'entend. Elle laisse chacun libre de ses appréciations. Elle ne laissera pas en revanche dire que son service ait, dans cette affaire, roulé pour les CRS. La délégation de Marseille de l'IGPN, saisie par le procureur, a enquêté cinq mois sur les circonstances qui ont abouti à la mort de Zineb Redouane. Elle a identifié le groupe de policiers mis en cause et le tireur.

Le drame s'est joué le 1er décembre 2018 dans le quartier de Noailles à Marseille. Précisément au 12 rue des Feuillants, au quatrième étage, peu après 19 heures alors que défile un cortège de « gilets jaunes ». La manifestation est organisée par la CGT qui dénonce l'habitat insalubre de la ville de Marseille. Trois semaines plus tôt, rue d'Aubagne, un immeuble vétuste s'est effondré. Bilan : 8 morts. Alors que le cortège cégétiste défile sous ses fenêtres, Zineb Redouane s'apprête à fermer ses volets. Elle ne crie ni ne manifeste son soutien. Son seul tort est d'avoir mal choisi son moment pour tirer les volets. Elle est alors violemment touchée à la face. Zineb, âgée de 80 ans, s'écroule. Son appartement saturé de gaz lacrymogène est devenu irrespirable. Les sapeurs-pompiers parleront d'un nuage opaque et toxique. Le modèle de grenade utilisée – le MP7 – a comme particularité de libérer, 2,5 secondes après sa mise à feu, 7 capsules dans un rayon de 20 mètres. On imagine l'effet produit dans le petit appartement confiné de Zineb ! Évacuée vers l'hôpital de la Timone, Zineb doit le lendemain être opérée d'urgence en dépit d'un état de santé plutôt fragile. Mais les médecins n'ont pas le choix. Zineb décède sur la table d'opération le 2 décembre 2018 d'un arrêt cardiaque.

Saisie, l'IGPN enquête en dépit des résistances. Quatre jours plus tard, le 6 décembre, elle a repéré le petit groupe de CRS armés de lance-grenades Cougar aperçu vers 19 h 04 à proximité de la rue des Feuillants où habitait Zineb. Il lui reste à identifier le tireur. Pour cela, il faut qu'elle connaisse les noms des membres qui forment le petit groupe de CRS. Elle transmet au capitaine dont ils dépendent les photos extraites des vidéos de surveillance. Il se dit incapable de les identifier. En fait, il protège ses hommes. C'est une tradition chez les CRS où cohabitent un système de « parrainage » et un fort sentiment d'appartenance. Le chef doit assumer. Aussi, il ne fléchit pas et tient tête à l'IGPN. Il ne livrera pas le nom de ses policiers. Il refuse et se dit responsable ! Mais en droit français, on juge celui qui a commis la faute, non celui qui la prend pour lui. Il veut être jugé à la place du fautif. Impossible. L'enquête se heurte durant plusieurs semaines à l'inertie des CRS que l'IGPN entend les 24 et 25 janvier 2019. L'auteur du tir sera finalement identifié grâce à une caméra de surveillance.

Le rapport d'expertise de la balistique affirme que la grenade aurait touché la victime accidentellement. Mais cela est loin d'être établi. Si l'IGPN a fait non sans mal son travail, reste que le parquet de Marseille ne semble pas avoir fait preuve d'une irréprochable objectivité. Il décrète d'emblée qu'« on ne peut pas établir de lien de cause à effet entre la blessure et le décès ». Une appréciation hâtive. Pourtant, si Zineb n'avait pas été frappée par la grenade, elle ne serait probablement pas morte ce 2 décembre. La vraie question est de savoir si le tir qui l'a touchée a été ou non intentionnel et si la vieille dame était visée.

Un tir délibéré et volontaire ne serait pas inimaginable. Ni une première. Les CRS ne sont que pour une part infime des violences commises lors du mouvement des « gilets jaunes », mais par le passé ils n'ont pas été exempts de reproches. Les bavures qui pourraient leur être attribuées ne manquent pas. Et on ne se défait pas facilement de ses mauvaises habitudes. Quant au tir tendu, depuis Mai 68 il figure parmi les violences policières les plus communes.

Le cas Richard Deshayes

Richard Deshayes a 20 ans quand le 9 février 1971 un tir tendu de lacrymogène meurtrit gravement son visage. Derrière lui, une femme a été bousculée et jetée à terre. Il se retourne pour lui venir éventuellement en aide. Il n'en a pas l'occasion. Le temps s'arrête pour lui dans un effroyable éblouissement. Une grenade tirée à l'horizontale à 3 ou 4 mètres de lui par un policier percute violemment son visage. Elle le frappe à la tête, provoquant de nombreuses fractures. L'acide contenu dans l'engin éclabousse la partie droite de son visage. Pommettes fracassées, nez cassé, enfoncé, yeux traumatisés. Richard Deshayes, qui appartient au groupe gauchiste VLR (Vive la révolution), a été délibérément ciblé à l'angle de la rue du Poteau et de la rue Duhesme. La grenade l'a atteint en pleine face, un « tir tendu » pourtant proscrit et interdit. Il avait participé à une manifestation de soutien aux détenus politiques d'extrême gauche incarcérés à la Santé et réclamant un statut spécial. À aucun moment la manif n'avait eu un caractère violent.

Deshayes raconte : « J'ai le visage enfoncé, un œil éclaté qu'on m'enlève aussitôt, l'autre est déchiré, je n'ai plus de nez, la mâchoire et les dents sont brisées » et 40 fractures de la face !

L'IGS livre une version très éloignée de la réalité. À l'époque, les gauchistes ne font pas de cadeaux à la police et la police ne leur en fait pas. Pour les « bœufs-carottes », Deshayes a été atteint par une lacrymo en pleine tête lors d'un combat rapproché. Or, il n'y a eu aucun combat rapproché, ni même de combat tout court. Seulement un tir tendu en pleine face. Sans raison, juste pour faire mal. La police ne s'est pas précipitée non plus, comme le laisse croire l'IGS, pour accompagner le blessé à l'hôpital. Elle l'a laissé sans soin en plan, groggy à terre, le visage ensanglanté. Deshayes est relevé puis conduit par des passants jusqu'à une pharmacie. Police Secours est appelée mais aucun car ne viendra. La police ne se déplace pas, ce qui n'empêche pas le préfet Maurice Grimaud de prétendre que ses services n'ont été avertis qu'à 3 heures du matin par l'hôpital. Le préfet érigé en modèle en Mai 68 ment et couvre une bavure policière d'une rare cruauté. C'est le pharmacien témoin de la scène et chez qui on a conduit le blessé qui va lui porter secours. Il décroche son téléphone et, après le refus de Police Secours d'intervenir, il réclame une ambulance privée qui finalement transporte Richard à l'hôpital.

La brigade territoriale de nuit se rend aussitôt au chevet du blessé et effectue les « constats » sur les lieux de l'incident, dit également l'IGS qui arrange là encore les faits. Les policiers de la BT se rendent tout d'abord chez les parents de Richard Deshayes pour y récupérer les vêtements du jeune militant et les placer sous scellés afin qu'ils ne soient pas lavés. Deshayes a une autre explication. Il s'agissait d'empêcher que ses vêtements puissent servir d'éventuelles pièces à conviction qui auraient pu contrarier la version policière.

Énucléé de l'œil droit, il n'a plus désormais que trois dixièmes à l'œil gauche. Ce tir tendu l'a quasiment rendu aveugle. Des années plus tard, il ne voit plus comme il le dit « que des ombres ». Celui qui s'apprêtait à devenir instituteur deviendra finalement kinésithérapeute. Quant à l'homme qui l'a défiguré, en avril 1974, la justice l'inculpe pour « blessures involontaires ». Quelques semaines plus tard – suite à l'élection de Valéry Giscard d'Estaing –, une loi d'amnistie le blanchit. Il avait fallu trois ans à la justice pour boucler le dossier.

L'IGS n'a pas dit non plus tout ce qu'elle sait sur la dangerosité des tirs tendus. Elle rédige dès 1975 un rapport sur le sujet. Elle écrit que si le lance-grenades est tenu à l'horizontale « c'est le fond du projectile qui touche la victime et [que] dans un tel cas les résultats sur le visage de celle-ci seraient terribles [...]. Le point d'impact éventuel sur le visage de l'adversaire épouserait probablement la forme du fond métallique de la grenade, provoquant de très graves blessures[1] ».

La pratique interdite du « tir tendu »

Le tir tendu est devenu, un peu comme le passage à tabac, une constante dans les brutalités policières ; c'est ce qui ressort d'une commission d'enquête militante qui, en mai et juin 1968, a recueilli plus de 600 témoignages. 60 plaintes seront déposées le

1. *Le Monde*, 8 avril 1976.

5 juillet, 68 pour blessures volontaires, dont plusieurs cas de « tirs tendus ».

Le 6 mai 1968, une psychologue résidant au carrefour Buci à Saint-Germain-des-Prés est atteinte par une grenade alors qu'elle se trouve chez elle. Le projectile percute sa tempe gauche. Asphyxiée par le gaz qui envahit son appartement, elle est conduite à l'Hôtel-Dieu. Dans son sillage elle traîne une insupportable odeur de chlore. Elle est hospitalisée dans le service d'ophtalmologie de l'hôpital Lariboisière. Durant dix jours elle reste les yeux bandés. Durant de longs mois elle ne pourra s'exposer à la lumière du jour et au soleil. Elle est loin d'être un cas isolé.

Dans la nuit du 7 au 8 mai 1968, à 0 h 30, un étudiant déambule boulevard du Montparnasse. Place du 18-Juin, il entre dans le café Le Rond-Point pour boire un demi. Cinq minutes plus tard, un CRS pousse la porte une matraque à la main. Il traite l'étudiant d'assassin puis il lui asperge le visage d'acide. Plusieurs grenades sont ensuite tirées à l'intérieur du café envahi par une fumée jaune. Pris de suffocation, l'étudiant s'esquive avec un autre consommateur. Dans la rue l'attend un comité d'accueil hostile et une pluie de coups de matraque s'abat sur lui. L'étudiant réussit à s'échapper et trouvera une ambulance pour le conduire à l'hôpital où il demeure dix-neuf jours avant d'être réhospitalisé. Les gaz employés sont nocifs et toxiques. Ils peuvent entraîner de graves lésions, des cas d'anoxie sérieuse avec cyanose des extrémités – trouble du rythme respiratoire (crise de tétanie). L'usage de gaz incapacitant peut provoquer au bout de quelques minutes une perte de connaissance et de l'amnésie.

Durant les événements de mai, les autorités ont autorisé l'emploi du gaz CS, un gaz mortel à certaines concentrations. Ni les médecins de l'Assistance publique ni le centre antipoison ne disposent pourtant de la moindre information sur ce gaz ou sur la façon de soigner les gens qui en sont victimes. Les plus impactées d'entre elles ont pâti d'un état de torpeur de dix à vingt-quatre heures avec une sensation d'oppression thoracique accompagnée de nausées. La dangerosité de ces gaz n'est plus à démontrer. Lors de l'affaire Malik Oussekine en 1986, la préfecture de police envisageait d'acheter trois véhicules Mercedes lanceurs de grenades. L'équipement est alors soumis à l'expertise des ingénieurs du laboratoire central de la police parisienne (PP) qui teste le nouvel engin sur son site de Bièvre. Les grenades étant dangereuses jusqu'à 100 mètres, le préfet Paoli conscient du risque préfère renoncer à équiper la police parisienne avec de tels véhicules. À l'effet traumatisant voire mutilant d'un tir tendu sur le corps humain, il faut ajouter celui de l'acide que contient la grenade. L'histoire de Jean-Paul à ce propos est terrifiante. Elle en dit long aussi sur le sadisme de quelques policiers.

Le garçon est un jeune apprenti. Ce 24 mai 1968, il n'a pas 21 ans, autrement dit à l'époque il est encore mineur. À 2 heures du matin, il s'attarde avec un ami rue Saint-André-des-Arts, au bas du boulevard Saint-Michel. Il a traîné en curieux dans un Paris chamboulé où certains ont tenté d'embraser la Bourse. Des policiers le soumettent alors à un contrôle d'identité puis l'un d'eux lance à la cantonade : « On va s'amuser dans un coin bien tranquille. »

Il se retrouve prisonnier d'un groupe de cinq CRS dont un gradé. Un policier glisse dans la poche du jeune apprenti un objet sur lequel il frappe ensuite avec la crosse de son fusil. Jean-Paul raconte : « Un liquide sortait et me brûlait les organes génitaux et les cuisses [...]. J'ai crié, ça me faisait très mal[1]. » Le calvaire de Jean-Paul n'est pas fini. Il ne peut pas monter dans l'ambulance près de laquelle il s'est réfugié tant l'odeur chlorée qui se dégage de lui est intense. Un infirmier lui fait retirer son pantalon mais les CRS n'ont pas fini de « s'amuser » avec lui. Ils reviennent reprendre le jeune homme, leur « jouet ». Ils s'acharnent sur lui. Le gradé menace même les ambulanciers et note le numéro de leur véhicule.

Jean-Paul reçoit encore des coups de crosse avant d'être conduit au centre Beaujon, un service annexe de la préfecture du VIIIe arrondissement, où il arrive à 6 heures du matin pour en sortir à 13 heures. *Le Nouvel Observateur* qui rapporte cette histoire écrit que Jean-Paul urine sans arrêt et se tord de douleur, que les flics ne savent que faire de ce rouquin qui pue le chlore. Un policier regarde les testicules très enflés du jeune homme et a ce trait d'humour : « Quand il sera marié, il faudra qu'il demande au facteur de faire des gosses à sa femme. » À 13 heures, Jean-Paul fait un détour par le centre Marmottan avant d'être transporté un peu plus tard au service des grands brûlés de Saint-Antoine. Il restera hospitalisé jusqu'au 29 juin, soit durant plus

1. *Le Nouvel Observateur*, 10 juillet 1968.

d'un mois. Il subit plusieurs greffes et une ponction des yeux qui ont été brûlés par des vapeurs de gaz. Son père dépose plainte le 19 juin 1968. Sans suite.

Le détournement des fusils lance-grenades lacrymogènes se normalise. Ce qui n'était qu'accidentel ou exceptionnel devient habituel, délibéré et toléré. Le 26 septembre 1975, sur les Champs-Élysées, Geneviève Leduc, 32 ans, visée par un tir tendu de lacrymo, s'effondre victime d'une fracture du crâne. Le 30 septembre, une certaine Christine connaît à Fougères, en Bretagne, le même sort et perd un œil. Le temps passe et le mal persiste. En décembre 1986, lors des manifestations étudiantes et lycéennes contre le projet de loi de réforme universitaire du ministre Alain Devaquet, les plaintes s'accumulent sur le bureau du chef de l'IGS. Boulevard de La-Tour-Maubourg (le 4 décembre), les blessés se ramassent à la pelle dans une ambiance saturée de gaz lacrymo. On ne compte plus les fractures et les os brisés, sans parler des mains et des doigts arrachés. François Rigal, 21 ans, perd un œil – en cause les tirs tendus. L'IGS identifie rapidement les tireurs, comme l'IGPN l'a fait à Marseille, mais son 3e cabinet d'enquête n'ira pas plus loin[1]. Comment prouver l'intention de blesser ? Comment prouver que ces jeunes ont été délibérément et individuellement visés alors qu'ils manifestaient par centaines ? La question se pose aussi pour Zineb. A-t-elle été visée ?

1. Jean-Marc Ancian, *La Police des polices*, Balland, 1988, p. 109-110.

La contre-enquête

En mai 2020, un rapport d'expertise balistique rédigé après la mort de Zineb et remis à la justice blanchit la police, innocentant le petit groupe de CRS au sein duquel se trouvait le tireur. Il considère que le tir était « en cloche » et « non tendu ». Donc que Zineb n'aurait pas été visée. Afin d'éviter que les personnes ne soient directement impactées, le tir doit en effet suivre une trajectoire parabolique, dite en cloche.

Une contre-enquête menée par le site Disclose et l'ONG Forensic Architecture[1] conteste cette thèse en recourant à une modélisation 3D réalisée à partir d'éléments issus de la procédure. Cette « reconstitution » reprend les images que l'IGPN a extraites d'une caméra de surveillance, celle qui a permis d'identifier le groupe de CRS. Les mêmes images qui ont servi à l'étude balistique. Officielle celle-là et qui a blanchi le groupe de CRS.

Que montre cette reconstitution ? À 19 h 04, le groupe de CRS se tient à l'angle de la rue des Feuillants (où habite Zineb). Il procède à des tirs de lacrymogènes pour disperser des manifestants. Un des policiers lève et pointe son fusil en l'air comme s'il visait quelque chose qu'on ne voit pas. À 19 h 04 et 57 secondes, l'arme pointée vers le haut, il tire. La modélisation indique que la grenade prend alors

1. Fondé à la Goldsmiths University de Londres en 2010 par l'architecte Eyal Weizman.

la direction de la fenêtre de l'appartement de Zineb. La trajectoire est reconstituée image par image.

La modélisation s'attarde sur le tir. Elle étudie la trajectoire en s'appuyant sur un certain nombre de faits précis et objectifs. Le tireur fait face à plusieurs immeubles, tous situés à une distance de plus ou moins 30 mètres. Le projectile qui a touché Zineb à l'intérieur de l'appartement était une munition de type lacrymo MP7 susceptible d'atteindre un objectif situé à 100 mètres. De sa position, le tireur a forcément dirigé son arme vers un des immeubles.

Le projectile heurte la partie supérieure du corps de Zineb au bout de 37 mètres. Le heurt se produit dans la phase ascendante à une vitesse de 97,2 kilomètres à l'heure. Il ne peut donc s'agir d'un tir en cloche, le projectile ne grimperait plus mais descendrait. L'ensemble de la partie droite du visage de Zineb qui a inhalé une grande quantité de gaz lacrymo a été littéralement fracassé.

Pourquoi la justice n'a-t-elle pas utilisé la technique de modélisation en 3D alors que certains spécialistes le font et l'ont déjà fait comme lors de l'explosion de l'usine AZF de Toulouse ? L'IGPN a peut-être fait son travail, la justice et les autres services associés à l'enquête ne l'ont peut-être en revanche pas fait.

5

Ces nuits qui ont fait honte à la police

Les terribles journées d'octobre 61 ont durablement marqué l'image de la police parisienne. Elles alimentent encore de nos jours un débat piégé et partisan qu'obscurcit la disparition de certaines archives. Persiste toujours une sordide bataille de chiffres. Combien de morts ? Et qui sont les responsables ?

Deux morts pour Maurice Papon, le préfet de police de Paris. Il l'écrit à chaud, dans un rapport du 18 octobre 1961[1] ; 300 selon Jean-Luc Einodi, ancien militant maoïste et fonctionnaire de la protection judiciaire devenu historien, dont la comptabilité laisse parfois à désirer. Il lui arrive d'ajouter aux morts d'octobre 61 ceux des semaines qui ont précédé.

Des morts que personne n'a vus, dira Roger Chaix, le futur patron des RG parisiens, chargé en octobre 1961 des affaires algériennes à la police

1. Concernant les manifestations du FLN, ce rapport fait état de « 1 800 arrestations, 2 morts et 2 blessés dans les rangs des manifestants ».

municipale. Lors du procès de Maurice Papon – jugé en 1997 pour la déportation de juifs durant la guerre –, cynique, Chaix ironise : « Ces quelque 200 ou 300 morts, qui les a vus ? Je ne les ai jamais vus. » Ce chiffre de 200 morts n'est pas sorti de n'importe quel chapeau. Constantin Melnik le cite en évoquant ces tueries d'octobre 1961. Il parle de « pogrom de la sinistre nuit » qu'aurait, selon lui, « approuvé [...] la totalité du pouvoir ». Melnik était alors aux premières loges. Il occupait à Matignon un poste stratégique, celui de conseiller pour les affaires de sécurité et de renseignement auprès du Premier ministre, Michel Debré. Pour le cinquantenaire des tueries d'octobre 61, il a témoigné, livrant ce troublant éclairage sur la complicité dans les tueries du pouvoir à son échelon le plus élevé :

« Au début [ce qu'il appelle « l'opération du 17 octobre 1961 »] [est] passée inaperçue. On avait 5 morts par jour alors que Papon affirmait qu'il n'y avait que 3 morts dont un par crise cardiaque. De 5 on est passé à 10 [morts] puis 15, 20, 30... »

Constantin Melnik convoque à Matignon le directeur de cabinet de Maurice Papon, Pierre Somveille. Qui sont ces morts qui refont surface et gonflent chaque jour un peu plus le bilan des tués ? Somveille a cette phrase « de désespoir ou humoristique » (dit Melnik) : « Ce sont les noyés par balle. » Le mot est depuis entré dans la ténébreuse histoire d'octobre 61. Melnik poursuit : « Papon était un homme brutal, prodigieusement ambitieux et surtout c'était un préfet colonial... C'était son caractère de briser les gens [qu'il avait] en face de lui. » À ce tempérament, il faut ajouter les initiatives personnelles de policiers souvent revenus d'Algérie qui eux, dit Melnik, « se sont payés sur la bête et qui ont fait des ratonnades absolument abominables ». Puis il conclut son témoignage en précisant : « Le paradoxe du 17 octobre, c'est que les négociations étaient déjà engagées, les ordres de De Gaulle pour l'Algérie étaient vraiment de freiner les actions offensives contre le FLN... C'est vraiment une bataille personnelle de Papon avec la communauté musulmane, dans l'indifférence absolue du pouvoir mais avec son approbation tacite et c'est pourquoi cette journée a été portée disparue. »

La bataille des chiffres a survécu. Mais aujourd'hui elle paraît bien dérisoire. Maurice Papon a mis (bien plus tard) un peu d'eau dans son vin, continuant cependant de s'exonérer de toute responsabilité. Si des Nord-Africains ont péri noyés, ce n'est pas sa faute ni celle de la police parisienne. Voici sa version des faits : « Il y a eu des coups de feu mais il n'y a pas eu de débordement. La répression s'est réduite à faire monter des Algériens dans les cars et les autobus... » Puis il accuse : « Cette manifestation se serait passée comme les autres s'il n'y avait pas eu cette affaire des Algériens jetés dans la Seine. Il y en a eu. Les cadavres ont été récupérés et identifiés. Tous ces Algériens étaient membres du PPA (Parti du peuple algérien, une organisation rivale du FLN). Des commandos du FLN les ont fait disparaître en les imputant à la police... »

Ni lui ni la police parisienne ne sont responsables. Le coupable est le FLN qui a réglé ses comptes avec ses rivaux du PPA...

Je n'entrerai pas dans ce débat biaisé. Le FLN et Papon ont joué l'un et l'autre la carte du pire. L'esprit de vengeance d'un côté, l'escalade de la violence de l'autre. Depuis la fin août 1961, la Fédération de France du FLN a lancé ses groupes armés dans une campagne d'assassinats visant des policiers isolés. Son but est de durcir la répression et de créer les circonstances qui vont conduire aux terribles nuits d'octobre 61. Des manifestations sont organisées alors que le pouvoir impose le couvre-feu aux Français musulmans d'Algérie. Leur issue était prévisible et un bain de sang inévitable. Le FLN table sur cette stratégie du pire dont il ne sort pas gagnant. À Paris, son organisation secrète est neutralisée suite à la saisie d'armes, d'argent, à de nombreuses arrestations ainsi qu'au transfert en Algérie de 2 045 responsables et militants de l'organisation politique. Un rapport du FLN[1] sur lequel la DST (Direction de la surveillance du territoire) a mis la main fait l'aveu d'un double échec : « L'opinion publique française est contre nous, elle ne comprend pas les attentats contre de simples gardiens de la paix. » Et la « situation [s'est] fortement détériorée à cause de la répression », écrit encore le chef de l'OS (Organisation spéciale), à Paris.

Au-delà de la bataille des chiffres, on ne peut plus douter de la réalité des violences inouïes perpétrées ces nuits-là. Ni que des policiers se soient servis de leurs armes. Pour s'en convaincre, il fallait consulter les archives policières, ce que j'ai fait. Des procès-verbaux de la direction de la PJ, de la brigade des

1. Daté du 21 octobre 1961.

agressions et violences, la BAV, ou encore de la police municipale font tous état de blessés par balle dont certains l'ont été par des policiers algériens (harkis). On le sait parce que ces blessés ont pu être interrogés et que ces témoignages ont été dûment consignés dans des rapports.

À la gare de Nanterre, le 17 octobre, Slimane Mena est blessé à la jambe, Seddoughi, le 18 octobre, reçoit plusieurs balles dans les jambes, ce même jour une balle percute la cheville de Khadjali. Mansouri est lui atteint au bras gauche. Sedira, toujours le 18 octobre, prend une balle dans la fesse gauche. Nacer en reçoit une dans le pied gauche. Un autre a été blessé à la gare de Nanterre où un car de police a essuyé des coups de feu. Les policiers en descendent l'arme à la main. Bilan rapporté dans un procès-verbal : 9 blessés nord-africains. Au sol, l'on ramasse 12 douilles de pistolets. Le car conduit les blessés à l'hôpital (maison départementale) de Nanterre : « Aucun gardien blessé », indique le rapport daté du 18 octobre 1961 émanant de la police municipale alors qu'on a prétendu qu'on leur avait tiré dessus.

Continuons d'éplucher les archives. Ahmed Abaïda, chauffeur à l'usine Simca de Poissy, blessé de deux balles au bras. Il porte plainte, « aucun désordre grave ne s'était produit quand on lui a tiré dessus », dit-il. La PJ met en miettes son témoignage et sa version des faits : « Il fut blessé par la légitime riposte de policiers sur qui des manifestants venaient d'ouvrir le feu », écrit-elle dans un rapport. Mohamed Hellal, lui, a été blessé à l'épaule droite, à la porte Saint-Martin alors qu'il se promenait en famille. Il hèle un taxi et se fait conduire à l'hôpital Tenon où il est entendu le 18 octobre.

Abaida Ahmed a porté plainte pour « coups et blessures par agent de la force publique » le 8 décembre 1961. Il livre un témoignage sans appel : « À ce moment des policiers ont tiré... Ils étaient mis en ligne, à genoux pour tirer. Je crois que des coups de pistolet, de mitraillette et de mousqueton ont été tirés. »

« ... Certains Algériens ont été tués sur place... en ce qui me concerne j'ai reçu deux balles dans le bras [...]. Dans le car il y avait deux ou trois morts et des blessés. » Il ajoute : « Avant que les policiers ne tirent, je n'avais entendu aucun coup de feu. »

Les rapports de l'IGS qui, je crois, n'ont jamais été réellement étudiés pour ces trois nuits-là apportent eux aussi des éclairages sur les morts et les violences ainsi que sur la façon dont la police et la justice ont traité les plaintes que certains ont osé déposer.

L'affaire Khediri Ahmed el Kebir

La plainte de Khediri figure dans *Ratonnades à Paris*, livre publié dès la fin de 1961 (aux éditions Maspero). Soit à chaud. Il s'agit d'un recueil de plaintes et d'articles de presse. Le livre ne dit pas ce qu'il est advenu de la plainte que l'IGS a proprement anéantie dans une enquête aussi impitoyable qu'habile et efficace.

Tout bascule quand les policiers découvrent qu'il a épousé une Française et qu'il a eu un enfant avec elle. Dans le car ils « devinrent furieux », dit Khediri. « Un d'eux me dit “Suis-moi”. » Il l'isole dans une salle où il tente de l'étrangler. Puis il frappe Khediri à coups de poing et de pied. Il vise le bas-ventre. Le policier essaie de le faire tomber mais Khediri résiste. Il tient debout et ne tombe pas, ce qui enrage le gardien qui arrache alors des mains d'un collègue sa mitraillette : « Il ne veut pas tomber, ce salaud, je vais lui faire la peau. » Il frappe Khediri. Violemment et dans les reins cette fois. Il cogne plusieurs fois au même endroit. « J'étais coupé en deux, ne pouvant ni parler ni bouger », dit Khediri. Un brigadier lui assène ensuite deux coups de pied dans le dos. « J'étais presque mort », dit Khediri en parlant du moment où il quitte le poste. Il est 16 h 30.

En sortant, celui qui l'a frappé plusieurs fois le tape à nouveau. À coups de crosse et toujours dans les reins. Le calvaire de Khediri n'est pas fini. Il rejoint d'autres Nord-Africains au commissariat des Grandes Carrières. Il décrit un mélange de beuverie et de sadisme : « En entrant dans la cave, ce fut un massacre. Des policiers en civil et des motards à moitié ivres tapaient sur tout le monde à coups de pied, de poing, particulièrement au ventre sur des jeunes, des vieux… »

Voilà résumé son témoignage. Voyons maintenant l'enquête.

L'art d'enterrer une plainte

Le 31 janvier 1962, l'IGS remet son rapport au juge d'instruction, Paul Martin, qui l'a saisie le 14 novembre 1961. L'enquête présente d'abord brièvement ce « personnage » qui se plaint d'avoir été maltraité et battu sans raison.

L'homme est né le 27 juin 1930 en Algérie à Blida. Sa vie se résume en quelques phrases succinctes : a tenu plusieurs débits de boissons en juillet 1958 avant de devenir marchand ambulant. Vend désormais des tapis. L'IGS ne s'étend pas. Tout cela n'est pour elle qu'une façade. « En fait, écrit-elle, les activités de Khediri notoirement connu des services de police étaient tout autres. » Le rapport indique alors que le plaignant a été appréhendé et détenu à deux reprises (1959-1960) pour infraction à la législation sur les stupéfiants (haschich). Ce n'est pas tout. Khediri « se livrerait au trafic d'armes pour la rébellion algérienne », ajoute l'IGS. Pour cette raison, écrit-elle, le 19 octobre il a été assigné à résidence, ce qui lui a été notifié le 11 novembre 1961.

Le 17 novembre 1961, Khediri est alors « transféré en Algérie » où son lieu de « résidence actuel est ignoré », dit l'IGS qui n'a donc pu l'entendre, ce qui aura évidemment des conséquences sur sa plainte. Qu'elle considère, en bien des points, comme infondée. Elle insiste ainsi sur le fait que son arrestation n'a rien d'arbitraire. Au contraire, qu'elle était légitime. Le 17 octobre, la police municipale avait consigne d'interpeller systématiquement des Français musulmans d'Algérie. Au poste de la Vigie-Fleury où Khediri a été conduit, il est « consigné à 16 heures par le gardien Rodier Robert), matricule 6219 », précise l'IGS qui signale que Khediri sera de nouveau interpellé le 25 octobre 1961 par la section voie publique de la BAV. Enfin il est présenté comme un « membre du FLN », ce que l'intéressé dément. Il ne s'est jamais livré à aucune « activité subversive », jure-t-il.

Le 26 octobre, il est néanmoins dirigé vers le centre de Vincennes et, le 17 novembre, transféré en Algérie « en exécution d'un arrêté ministériel d'assignation à résidence ». Quant aux coups qu'il aurait reçus le 17 octobre au poste de la Vigie-Fleury, l'IGS n'a rien pu établir. « Faute d'éléments précis et compte tenu de ce que la partie civile n'a pu être consultée, les recherches entreprises n'ont pas permis d'identifier le fonctionnaire ainsi mis en cause. » L'IGS ajoute qu'en raison « du trop grand nombre de personnes et des allées et venues au commissariat des Grandes Carrières, elle [n'aurait] pu vérifier les dires de Khediri ». Enfin, écrit-elle, les « recherches [sont] demeurées vaines » au centre de Vincennes.

À ce stade du rapport, la victime est donc injoignable et rien ne prouve qu'elle ait bien reçu des coups. L'Inspection s'interroge même sur son certificat médical, établi le 23 octobre 1961 par le docteur Marcel Arène. Elle s'étonne que Khediri « ait attendu cinq jours avant de se faire examiner par un médecin [...] ou encore qu'il n'en ait pas parlé aux fonctionnaires du centre de Vincennes [...]. Il n'ignorait pas qu'il lui était loisible de se faire examiner médicalement ». Le 25, il sera vu par le médecin divisionnaire Taddei qui, selon l'IGS, dresse le diagnostic suivant : « Cicatrice médiane face gastrectomie en 1958, traumatisme lombo-sacré sans ecchymoses – radio et contrôle osseux inutiles. » Pas de quoi fouetter un chat. Puis, implacable, l'IGS ironise : « Le traumatisme constaté n'a pas empêché Khediri d'exercer pendant les trois semaines de son séjour au centre [...] de Vincennes les fonctions de "cantinier général" dans la salle 2 du bâtiment B. »

L'IGS ne laisse rien de côté. Elle s'interroge même sur l'origine exacte des contusions médicalement constatées « sans rapport, écrit-elle, avec la nature des violences alléguées ».

Au sujet de la plainte de Khediri, datée du 27 octobre 1961, elle remarque « qu'[elle a été] curieusement expédiée de son domicile 22 rue Dechartier alors que le 27 octobre (Khediri) était détenu au centre d'identification de Vincennes ». L'IGS suggère donc d'accueillir « avec beaucoup de circonspection » ses accusations.

Elle lui assène enfin le coup de grâce en citant un rapport du Service de coordination des affaires algériennes du 15 décembre 1961. Tous ces rapports qui s'inspirent et se citent les uns les autres produisent un effet de loupe, certains ne font que colporter des bruits. Cette fois, il ne s'agit plus des coups qu'il aurait ou non reçus mais de sa personnalité, de ses mauvais travers, de son casier, de ses engagements politiques.

En décembre 1957, Khediri passe pour un « contrôleur du FLN ». Le 15 novembre 1958, un rapport de la BAV décrit le bistrot de la Goutte d'Or dont il est le gérant comme un lieu de rendez-vous du FLN – ce qui n'est pas établi. Le 5 juin 1959, Khediri a été incarcéré à la prison de la Santé pour un trafic de stupéfiants et le 24 mai 1959 il a fait l'objet d'une fiche Z. Une sorte de fiché S de l'époque. Le 5 juillet 1960, la Mondaine l'a interpellé pour une affaire de stupéfiants.

L'IGS insiste sur ce qui semble être son point faible. Elle ajoute un énième rapport, celui-là de la BAV, daté du 15 novembre 1958. Il indique que le café de la rue de la Goutte-d'Or, dont il est le gérant, servait de lieu de ravitaillement en « chira » (cannabis à l'état de poudre). Un paquet de 100 grammes de chira en vrac et en tablettes aurait été trouvé dans sa chambre, ce qui lui a valu d'être mis en prison. En juillet 1960, le café Tanger dont Khediri a été aussi le gérant aurait également été un lieu de trafic de chira et de haschich. Dans la cave, à l'intérieur d'un matelas éventré, une boîte recelait 58 sachets de haschich.

L'enquête de l'IGS met à mal – c'est son but – son crédit. Elle fragilise tout ce qu'il affirme. Elle pave sa vie de zones d'ombre. L'homme a fait de la prison pour détention et trafic de drogue. Ayant été par son assignation à résidence en Algérie soustrait de fait à l'enquête, l'IGS n'a pu recueillir son témoignage et lui-même n'a pu reconnaître le gardien qui l'a brutalisé. Sa plainte n'aura pas de suite mais la justice se donne bonne conscience. Elle peut dire qu'elle a enquêté, qu'elle a classé l'affaire en connaissance de cause. D'autres histoires ont ainsi été taillées en pièces et n'auront aucune suite.

Soixante ans plus tard, le face-à-face se poursuit dans ces zones dites de non-droit et notamment dans ce qu'on appelle le « 9-3 »…

6

La « milice des favelas »

Disons d'emblée que si beaucoup de flics transitent par le 9-3, rares sont ceux qui y font carrière. Les guerriers n'y connaissent pas le repos.

La « milice des favelas », c'est le surnom qu'un haut responsable de l'IGPN qui a suivi l'affaire de la CSI 93 – compagnie de sécurisation et d'intervention – du début à sa conclusion donne à cette unité de terrain borderline créée en 2008 sous Nicolas Sarkozy. Elle comptait 150 fonctionnaires lorsque le préfet de police de Paris, Didier Lallement, s'est résolu à la dissoudre. Tant l'affaire était hors normes. Pour ce haut responsable autrefois en poste en Seine-Saint-Denis et qui connaît les particularismes locaux, « les flics [incriminés] ont perdu le sens des valeurs. Ils ne voyaient plus la frontière entre le bien et le mal ». Avant d'ajouter que « ce n'est pas un hasard si des quatre CSI de la petite couronne, c'est celle du 9-3 qui a dérapé ».

La cheffe de l'IGPN abonde. Ni l'un ni l'autre cependant n'excusent. Brigitte Jullien rappelle que le 9-3 est un « petit département, petit territoire avec une grosse population » avant de renchérir : « C'est aussi le plus jeune d'Île-de-France et celui qui a la plus forte concentration d'immeubles hauts. » Il aurait même servi de dépotoir. « Lorsque le grand squat de la gare de Lyon a été nettoyé, dit-elle, c'est à Noisy-le-Grand [dans le 9-3] qu'il a été transplanté. Les flics qu'on y envoie sont jeunes eux aussi. Le plus souvent, ils sortent de l'école de police inexpérimentés. Certains font des heures de métro ou n'osent pas habiter au sein d'une population où le flic n'a pas une bonne réputation. Quelques-uns dorment dans leur voiture ou des caravanes. » Le tableau n'est pas encore complet, il faut y ajouter que le département bat les records de violences aux personnes, d'agressions, et qu'il est saturé d'affaires de stupéfiants. On ne « deale » plus dans les rues mais dans les appartements. Discrétion et efficacité obligent.

La cheffe de l'IGPN connaît le 9-3. Début 2000, elle était en poste à Montreuil. Elle se souvient de son arrivée un matin au commissariat. Elle repère tout de suite ce jeune qui vient d'être arrêté une fois de plus pour un vol de sac à main. « Encore toi ! » dit-elle à la fois étonnée et désabusée. Elle le fixe : « Que veux-tu faire plus tard ? » La question n'a pas pris le jeune récidiviste au dépourvu qui lui répond du tac au tac : « Je veux être surveillant de vol. » Jullien, qui ne maîtrise pas encore les codes du 9-3, dit : « À Roissy ? » Un flic qui, lui, connaît bien sa clientèle glisse à l'oreille de sa patronne : « Non, non, il veut être guetteur. » À l'époque, ce « petit job » rapportait 150 francs par jour.

Autre caractéristique du 9-3, en son temps, l'IGS n'y chômait pas ni aujourd'hui l'IGPN. Les affaires de violences envers des jeunes y sont légion. Le plus souvent peu concluantes d'ailleurs. Elles laissent parfois perplexe. Comme l'histoire de ce flic qui place un jeune en garde à vue, le fait mettre à genoux en slip avant de s'amuser avec son arme à la roulette russe pour le faire parler[1]. Celle de la CSI 93, la « milice des favelas », est à l'image du département. Elle est l'illustration d'un grand dérèglement. L'IGPN dont l'enquête a duré des mois n'a pas cessé d'alerter sur ses découvertes. Fin 2018, deux ans avant que l'affaire n'explose, elle prévenait le préfet. Les policiers qu'elle suspectait avaient été placés sur écoute et leurs locaux sonorisés. Les limiers de l'Inspection les pistaient nuit et jour. L'IGPN prenait cette histoire très au sérieux tant les infractions qu'elle découvrait étaient inquiétantes. Elle forcera même un peu la main au préfet.

Le 29 juin 2020, six policiers sont interpellés. Mis en garde à vue pour détention de stupéfiants, vol, mais encore faux et usage de faux, extorsion de fonds, violences volontaires par personne dépositaire de l'autorité publique. L'IGPN a mené de front une vingtaine d'enquêtes préliminaires, sous l'autorité du parquet de Bobigny déjà alerté sur l'interpellation musclée d'un jeune de 20 ans à Saint-Ouen en août 2019. En cause, la même équipe.

À ces flics « ayant perdu le sens des valeurs », on reproche encore d'avoir fabriqué des preuves, jetant

1. *Elle*, 25 septembre 2020.

par exemple aux pieds d'un jeune un sachet de cannabis pour faire croire que la drogue lui appartenait. Hélas pour lui, le flic était filmé et la vidéo aura un vif succès sur les réseaux sociaux. Une fois embarqué, le jeune a reçu dans le fourgon des décharges de Taser sur ses organes génitaux. Les flics rackettaient en montant de fausses procédures afin d'extorquer à leurs victimes de grosses sommes d'argent. Truquer ou bidouiller des PV est devenu une plaie. Les affaires de ce genre que traite l'IGPN ne se comptent plus. Les magistrats du 9-3 que j'ai pu consulter le confirment. De plus en plus d'affaires sont plombées par des PV arrangés. Des dizaines, paraît-il. L'IGPN a dû procéder à un balayage secret des procédures de ces équipes et même de celles d'autres policiers de la CSI 93 afin de vérifier leur régularité. Dans le 9-3 en particulier, la police marche de guingois. Les affaires hors normes y foisonnent, comme celle de Théo qui a fait couler tant d'encre. Elle se déroule en février 2017 à Aulnay-sous-Bois dans la cité de la Rose-des-Vents, moins bucolique que son nom le laisserait penser.

Une sombre affaire

Théodore, dit Théo, âgé de 22 ans, se trouve ce 2 février sur le parvis du centre culturel quand l'équipage d'une BST – brigade spécialisée de terrain –, croyant avoir affaire à une vente de drogue, l'interpelle. Théo se débat alors que les policiers essaient de le menotter. Scène immuable, banale, vue cent fois. Les mêmes gestes, les mêmes contorsions. Un policier plaque ce jour-là son genou sur la nuque de Théo tandis qu'un autre le frappe avec sa matraque. Une pluie de coups ruisselle ensuite sur son corps tout au long du menottage. « Je ne sentais plus les coups », confiera plus tard Théo.

Comme cela arrive souvent, la séquence est filmée, en grande partie du moins. Les images enregistrées par des caméras de surveillance montrent Théo, le pantalon baissé, gazé au sol, fouetté sur les jambes avec une matraque puis frappé derrière la tête. Puis il disparaît deux minutes et vingt secondes du champ des caméras. Durant ce laps de temps il reçoit un coup de matraque au niveau de l'anus lui occasionnant une blessure si grave qu'il souffrira à vie d'une « incontinence active ». Les policiers vont être accusés de viol, ce qui renforce le côté émotionnel et médiatique de l'affaire.

Les policiers se sont-ils rendu compte de la gravité de la blessure ? Pas sûr. Lors du trajet sur le chemin du commissariat, l'un d'eux a cette phrase : « Tu as raison, il saigne du fion. » Au poste, ils se contentent toutefois de menotter Théo à un banc. C'est un gardien qui le voyant se tordre de douleur prend la mesure de la situation. Il le détache et appelle les pompiers. Évacué, Théo sera opéré d'urgence. Quant aux quatre flics de la BST, ils sont placés en garde à vue à 2 h 15 du matin, neuf heures après les faits. Le commissaire avait pourtant été informé, dès 21 heures. Il se hâte lentement. Il est vrai que cette affaire risque de susciter des emballements médiatiques.

À l'interpellation inutilement musclée s'ajoute l'intervention tout aussi brutale de la BAC.

L'équipage a fait irruption en faisant usage de grenades de désencerclement et d'un LBD pour disperser une foule de badauds tout simplement curieux. Le policier qui s'est servi du LBD n'était de surcroît pas habilité à le faire. Un de ses collègues a dû mentir, affirmant qu'il était lui-même l'auteur du tir. Les policiers de la BAC seront sanctionnés pour cet usage disproportionné de l'arme et les fausses déclarations dans le fichier du traitement de l'usage des armes.

En octobre 2020, trois hommes de la BST sont renvoyés par le juge devant une cour d'assises pour « violences volontaires » et non pour viol[1]. Pour l'IGPN, « le viol n'était pas démontré ». Selon un responsable de l'Inspection, « il ressort des vidéos un usage abusif de la force [selon l'expression consacrée], un trou dans le slip, du sang, une vilaine blessure mais le geste n'était pas intentionnel ».

Cette interpellation avec ce déploiement de force et de violences aurait de quoi surprendre s'il ne s'agissait pas du 9-3, apparemment coutumier du fait.

Les BAC hors la loi ?

Claire Hédon, la défenseuse des droits, a enquêté trois années sur le dossier d'instruction. Ex-journaliste de France Bleu et de France Inter puis de RFI où elle sera la responsable des magazines avant de rejoindre ATD Quart Monde en 1993, dont elle devient la pré-

1. En juillet 2021, le procès n'a pas encore eu lieu, les accusés sont en conséquence présumés innocents.

sidente en juillet 2015, Claire Hédon a épluché les rapports de l'IGPN ainsi que d'autres documents inédits tels que des interrogatoires. Le 24 novembre 2020 elle a bouclé son rapport sur l'affaire Théo. Accablant.

Tout comme certains magistrats en poste à Bobigny, elle dénonce les manquements à répétition. Elle va plus loin encore et réclame une inspection administrative. L'affaire Théo l'a outrée : le « coup pointé [...] avec la matraque télescopique dans la zone anale », les coups de poing et de genou, le gazage ou encore la façon dont Théo a été subrepticement tiré hors du champ des caméras pendant les deux minutes et vingt secondes fatidiques. Hédon veut que les pratiques de la BST et de l'ensemble du district nord-est de Seine-Saint-Denis soient mises à plat. Son enquête a révélé des comportements inquiétants comme l'introduction de données fausses dans un fichier de police. Celui qui a tiré avec le LBD n'était pas habilité à le faire, on l'a vu. Un collègue a menti, se déclarant lui-même comme le tireur dans le fichier du traitement de l'usage des armes. Les critiques que Claire Hédon fait du système policier du 9-3 n'ont pas plu à certains, comme le syndicat Synergie Officiers qui la qualifie de tyran et associe la défenseuse des droits à « la clique des Drouet, Nicolle et consorts et la petite cohorte de leurs admirateurs mélenchonistes[1] ». Dans le même texte, le syndicat dénonce « les procès médiatiques » ou encore « les incessantes convocations à l'IGPN ».

Le 9-3 serait-il devenu le laboratoire d'une police en délicatesse avec le Code pénal, à la dérive et aux

1. Tract du 18 mars 2019.

principes chancelants ? La justice a bien du mal en tout cas à s'y faire entendre et à y être obéie. L'IGPN elle-même n'y est guère respectée.

Dans le respect de la loi ?

Le 21 avril 2012, le 17 reçoit un appel anonyme. Un homme recherché a été repéré dans un bar de Noisy-le-Sec. Débute aussitôt une chasse à l'homme dans les rues de cette ville du 9-3. Quatre policiers dans une voiture de patrouille traquent ce fugitif en cavale depuis des mois. Un des trois policiers décide de le poursuivre à pied, et quitte le véhicule. Il prend seul en chasse ce gibier de potence qui durant sa course se défait de divers objets tels une grenade factice et un étui à pistolet. Le policier le rattrape et l'abat d'une balle dans le dos.

Les archives de l'IGS répertorient plus d'une affaire s'étant conclue de la sorte. Ce 21 avril, le tireur dans le dos se nomme Damien Saboundjian. Se sentant menacé, le policier a tiré à quatre reprises sur l'homme qu'il poursuivait et lui tournait le dos. Un seul tir a fait mouche. Amine Bentounsi s'écroule et meurt plus tard à l'hôpital, à 5 h 10. Âgé de 29 ans, il était en cavale depuis deux ans. Délinquant multirécidiviste, Amine avait été à 13 ans le plus jeune détenu de France. Titre de gloire dont il aurait pu se passer. Son palmarès de délinquant est éloquent : onze condamnations dont trois devant les assises. La dernière pour le braquage d'un supermarché avec prise d'otages – la séquestration des employés. Cette fois il est condamné et emprisonné. Mais, en juin 2010, il ne regagne pas sa cellule après une permission et part en cavale. Il lui restait dix-huit mois à accomplir.

Ce 21 avril, sa fuite a pris fin. Sa carrière de braqueur aussi. Il gît dans une flaque de sang, une balle dans le dos. Le gardien de la paix qui l'a tué a 37 ans. Nanti d'un CAP de pâtissier, il est entré dans la police en 2002 après avoir fait des petits boulots. Alors qu'il invoque la légitime défense, Damien est poursuivi pour homicide volontaire puis pour de simples « violences volontaires ». En première instance, en janvier 2016, la cour d'assises de Seine-Saint-Denis l'acquitte. Ce jour-là, ses collègues doivent l'exfiltrer tant le public manifeste sa colère, indigné et furieux. Le parquet fait appel et Damien est rejugé le 9 mars 2017 par la cour d'assises de Paris.

Cette fois la partie s'annonce plus disputée. Le procureur apparaît combatif, résolu. C'est un magistrat qui connaît bien le 9-3. Il sait combien certains policiers y prennent leurs aises avec le Code pénal. Dans cette affaire, pour lui, il ne fait aucun doute que Damien n'a pas tué en état de légitime défense. Il rappelle sur quoi repose ce principe : nécessité absolue, proportionnalité de la réponse et simultanéité. Il ajoute que la légitime défense « ne se présume pas, c'est à Damien de la démontrer. Et rien ne va dans ce sens, excepté ses déclarations », dit-il à l'audience. Aucun témoin ne confirme que le gardien ait été en danger quand il a tiré. Personne n'a assisté à la scène finale. Sur un balcon, un témoin qui observe la scène de loin n'a pas vu non plus Amine braquer son arme sur le policier, comme ce dernier le prétend. Seul son ex-coéquipier (Ghislain Boursier) a accrédité la thèse de la légitime défense avant de se rétracter, admettant qu'il avait menti en prétendant avoir vu Amine braquer son collègue.

Certes, on a retrouvé un revolver chargé près de la victime mais cela ne prouve pas qu'Amine ait eu l'intention ce soir-là de s'en servir. Pour le procureur, Damien a agi avec un manque de discernement certain, dans un état de panique qui le gagne, envahi par un stress intense qui, dit-il « induit des réactions inappropriées ». Il a paniqué, dérapé. « La police doit interpeller les délinquants mais dans le respect de la loi », dit le procureur, ajoutant qu'« il faut empêcher Damien Saboundjian de réintégrer la police. Si on ne l'exclut pas, il pourrait être réaffecté sur le terrain ».

Vendredi 10 mars 2017, Damien est condamné à cinq ans de prison avec sursis. Le tribunal l'a reconnu coupable de « violences involontaires ayant entraîné la mort sans l'intention de la donner ». On lui interdit également de porter une arme durant le temps de sa peine. Toutefois, il pourra rester policier.

Dans son réquisitoire devant la cour d'appel, l'avocat général se félicite du travail de la « police des polices » : « Sans l'enquête de l'IGS, il [Damien] aurait même certainement obtenu une lettre de félicitations », dit-il. Un délégué du SGP Police se vantait au téléphone : « On est montés à l'IGS. On a mis un coup dans la fourmilière. » Il était enregistré. Un chef de bord, lui aussi sur écoute, critique le travail de l'IGS en soupirant : « Plus facile d'être délinquant que policier. » Il accusait la « police des polices » de « chercher la petite bête ».

Cette déshérence morale de certains policiers livrés à eux-mêmes dans un univers urbain hostile trouve sa source dans une lente et constante érosion des valeurs. Elle est le fruit d'une décennie de chaos.

7

Pas de fumée sans feu

4 janvier 1995, un animateur de Skyrock frétille devant son micro. Au ton de sa voix, on sent qu'il jubile. La veille, un gardien de la paix a été abattu à Nice d'une balle en pleine tête. Alors il fait le mariolle et dit : « Un flic est mort » avant d'ajouter : « C'est plutôt une bonne nouvelle. »

Entre une partie de la population (surtout jeune) et la police, le fossé se creuse. Au cœur du divorce, le sentiment d'impunité qui habiterait les policiers ou du moins une partie d'entre eux. Mais aussi le souvenir d'un ministre de l'Intérieur, Charles Pasqua, affichant un soutien public et sans réserve à ses troupes. C'était en 1986. L'année de l'affaire Malik Oussekine, ce jeune décédé sous une porte cochère, rue Monsieur-le-Prince, à Paris, après avoir été bâtonné par des policiers à moto, les « voltigeurs » de la PP.

Les « bœufs-carottes » avaient rendu visite aux parents de la victime qui après leur départ avaient constaté la disparition du carnet d'adresses et du journal intime de leur fils, que Robert Pandraud,

« vice-ministre » de l'Intérieur aux côtés de Pasqua, avait qualifié « de Libanais d'extrême droite ». Des années plus tard, le retour Place Beauvau du même ministre ranime pour certains de mauvais souvenirs. Peu après son installation au ministère, telle une malédiction, se produit une bavure monumentale.

Le 6 avril 1993, Makomé M'Bowolé est abattu au commissariat des Grandes Carrières. Ce jeune mineur zaïrois prend une balle en pleine tête. Il avait été arrêté pour un vol supposé de cigarettes dans un bar-tabac de la Goutte d'Or. Le policier qui l'interroge braque sur lui son .38 Spécial Police qui aurait dû être rangé dans un étui ou un tiroir. Il joue avec son revolver et accidentellement – décidera la justice – il tire et tue le jeune Zaïrois. Il est condamné aux assises à huit années de prison ferme. Cette mort, après tant d'autres qui se sont étalées tout au long des années 70 et 80, marque un tournant. Elle sert de point de ralliement à un « front anti-flics » qui s'élargit et prend de l'ampleur.

En mai 1994, se crée le bulletin *Que fait la police ?*, émanation de l'Observatoire des libertés publiques. Maurice Plocki, dit Rajsfus, qui depuis 1968 recense les bavures policières qu'il note sur des fiches, en est le maître d'œuvre. Journaliste marqué à l'extrême gauche ayant viré libertaire, il devient Monsieur Anti-flics (mort en juin 2020). Il tient la comptabilité des « crimes policiers » et écrit lui-même sur la police, spécialement celle de Vichy – ses parents ont été déportés et lui et sa sœur ont vécu clandestinement seuls à Paris durant la période d'occupation[1]. À la Libération, Plocki rejoint en 1946 un groupe trotskiste puis le PSU (Parti socialiste unifié) où, dit-il, il est chargé d'une « direction occulte » qui surveillait les officiers OAS de retour d'Algérie. Il devient la figure de la rhétorique anti-flics.

La mort de Makomé résonne d'autant plus fort qu'elle survient après deux années agitées dans les banlieues. En 1991 ont éclaté les émeutes de Mantes-la-Jolie. Selon le leader syndical policier Jean-Louis Arajol, alors patron du SGP – syndicat de tradition de gauche, fondé en 1923 – et qui, en octobre 1961, a dénoncé les déchaînements de violence de la police parisienne au sein de la FASP (Fédération autonome des syndicats de police)[2], ces émeutes n'explosent jamais sans raison. « Dans tous les cas, dit-il, il y a eu un incident préalable entre la population et les forces de police. » Le même écrira qu'« une police au-dessus des lois est une voyoucratie[3] ».

À la même époque, le rapport du député socialiste Julien Dray sur les banlieues fait sensation. L'ex-gauchiste lève les tabous. Les cités tombent les unes après les autres dans l'escarcelle des trafiquants. Le pouvoir ferme les yeux au nom de la paix sociale.

---

1. Arrêté avec ses parents le 16 juillet 1942, Plocki a été relâché le soir même avec sa sœur. Sous l'Occupation, il travaille chez un joaillier comme sertisseur. Pour plus de détails sur la biographie de Plocki-Rajsfus, voir le site Internet Le Maitron, la lettre de la LDH du 16 juin 2020 ou le numéro 15 de la revue *Barricada*.
2. Le SGP contribuera à l'élection de Mitterrand en 1981.
3. Jean-Louis Arajol, *Mais que fait la police ?*, Minerve, 1995.

« Came rime avec calme », dit-il ; Arajol, le patron du SGP, écrit encore : « Plus il y a de drogue dans un quartier, plus celui-ci est tranquille. » Très concrètement, écrit Dray, « les dealers font régner l'ordre » et le syndicaliste policier d'ajouter : « Les jeunes de ces quartiers n'ont plus qu'un modèle, celui de l'argent facile et du crime impuni. »

Un an plus tôt, en 1994, alors en campagne électorale, Jacques Chirac lui-même déclarait : « Il n'est pas acceptable qu'en France à la fin du XXe siècle de véritables favelas forment le terreau d'une économie de type mafieux. » En 1995 on parle déjà de croisade. De « récupérer le terrain » et de bannir les « zones de non-droit ». Et cependant rien ne change et même tout s'aggrave. Cette année-là, à « flic-city », à Viry-Châtillon, 520 policiers vivent assiégés. La police redoute de nouvelles émeutes, telles celles qui ont secoué Champigny au cours desquelles une bombe artisanale a explosé devant un centre d'hébergement pour policiers auxiliaires.

En 1995, la mort de Makomé inspire le film *La Haine* de Mathieu Kassovitz, tourné dans les cités des Muguets et de Noé à Chanteloup-les-Vignes (de septembre à novembre 1994). Dès lors, la dénonciation des violences policières s'inscrit dans le quotidien des banlieues et est soutenue par une partie du show-biz. L'actrice et réalisatrice américaine Jodie Foster contribue financièrement à la diffusion de *La Haine* aux États-Unis où, en 2001, *Newsweek* fait de Kassovitz un des dix hommes du futur. Dans les cités, d'année en année, l'escalade prédomine. Le 14 mai 2002, à Corbeil-Essonne, des policiers stationnent auprès d'une dépanneuse en train d'enlever une voiture abandonnée quand une trentaine d'hommes encagoulés et casqués font irruption. Bombardés de pierres et autres projectiles, les policiers s'enfuient. Ils abandonnent leur véhicule aux assaillants qui dérobent à l'intérieur un poste radio portatif, deux casques de maintien de l'ordre, deux gilets pare-balles et des équipements de police.

Des mois plus tôt (en janvier 2001), le président Jacques Chirac s'émouvait encore qu'il y ait en France « des zones de non-droit » alors qu'autour de lui certains claironnent qu'il suffirait d'arrêter tous les « chefs de bande » pour ramener le calme et réinstaurer la loi et l'ordre. Début novembre 2005, alors ministre de l'Intérieur, Nicolas Sarkozy fait le même constat : « Soit les bandes gagnent, soit la République l'emporte. » Mais les solutions miracle n'existent pas. Et entre la police et les « jeunes des banlieues », rien ne va plus[1].

Banlieue en « état d'urgence »

Les émeutes tant redoutées se produisent à l'automne 2005. Les banlieues s'embrasent après la mort de deux jeunes électrocutés dans une centrale EDF

1. Le 9 novembre 2005, *Le Canard enchaîné* fait état d'une note des RG au sujet des trafics en banlieue que ces derniers considèrent comme une source d'équilibre. La note met en garde contre une « application sans faille de la loi républicaine ».

de Clichy-sous-Bois alors qu'ils voulaient échapper à la police, alors accusée de négligence. La mort de Bouna Traore, 15 ans, et de Zyeb Benna, 17 ans, se solde par trois semaines de couvre-feu et l'instauration de l'état d'urgence. On tire sur la police à Montfermeil, Serrigny, à Brest, à La Courneuve, à Grigny et à Saint-Denis.

Des bâtiments publics et privés sont incendiés, des écoles détruites, des gymnases ravagés, des véhicules et des bureaux de poste brûlés, une quinzaine de bibliothèques sont dévastées. La chambre de commerce et d'industrie de la petite couronne parle d'une centaine d'entreprises touchées, 20 000 mètres carrés de locaux commerciaux ont été détruits à Aulnay sous-Bois, 18 lieux de culte ont été endommagés (églises, synagogues, mosquées). Au 30 novembre 2005, les chiffres de la police et de la justice parlent d'eux-mêmes : 4 770 interpellations, 4 402 gardes à vue, 763 personnes écrouées dont une centaine de mineurs, 422 condamnations en comparution directe, 135 informations judiciaires ouvertes, pour incendies et violences volontaires. Le 12 novembre 2005, 25 000 procédures se trouvaient en attente de jugement en Seine-Saint-Denis[1]. Durant trois semaines, les flics sur la brèche n'ont dormi que quatre heures par nuit.

Face aux émeutes, se réalise en coulisse une surprenante union sacrée. Le 31 octobre 2005, les Frères musulmans appellent au calme dans les cités de Seine-Saint-Denis, des volontaires réunis par un

1. *Le Figaro,* 12 novembre 2005.

imam s'interposent entre jeunes et CRS tandis que des organisateurs de services d'ordre « islamistes » participent au Raincy à une réunion avec le préfet du 9-3. « Dans ces quartiers, les maires ne peuvent plus rien faire sans les représentants de la communauté musulmane », avoue un fonctionnaire des RG du 9-3[1].

Nicolas Sarkozy s'interroge : « Si la police ne remplissait pas sa mission [...] quel ordre lui succéderait ? », apportant lui-même la réponse à sa question de pure rhétorique : « Celui des mafias ou celui des intégristes[2] ? » Dans *L'Express* du 22 novembre 2005, il salue l'UOIF (Union des organisations islamiques de France) qui « concurrence dans le bon sens du terme, dit-il, les salafistes dans les cités et qui se désolidarise dans une fatwa de la violence dans les banlieues ». Déjà le « en même temps ». Sarkozy envoie même l'IGS enquêter au commissariat de La Courneuve où, le 7 novembre 2005, deux fonctionnaires ont passé à tabac un certain Fouad A. Âgé de 19 ans, il avait jeté des bouteilles vides contre le poste d'où il venait d'être relâché. Les policiers l'avaient attrapé et roué de coups. Sarkozy lit l'enquête de l'IGS. Il suspend les fonctionnaires et le parquet de Bobigny ouvre une information.

Les émeutes ont coûté cher à la collectivité : 200 millions d'euros dont 23 imputables aux 10 000 véhicules de particuliers incendiés. 80 % des interpellés lors des émeutes de 2005 étaient connus

1. *Le Monde*, 3 novembre 2005.
2. *Le Monde*, 6-7 novembre 2005.

des services de police. C'est le cas d'un des deux jeunes électrocutés fin 2005, dans le centre EDF de Clichy-sous-Bois, comme le révèle un rapport de l'IGS que dirige depuis quelque temps Éric Meillan, dit le « fox-terrier ».

Un helléniste à la tête de l'IGS

L'IGS emploie à l'époque 92 fonctionnaires et sa section la plus importante est la « section discipline » qui se subdivise en 3 cabinets d'enquête, composés chacun de 10 fonctionnaires. Brigitte Jullien en a coiffé un à la fin des années 80. Éric Meillan, lui, a fait sa carrière au sein du contre-espionnage. Il a plutôt le profil d'un intellectuel. Helléniste, diplômé de russe de la prestigieuse École des langues orientales, il entre à la DST où il rejoint en 1978 la division E3, celle des services techniques (interception et sonorisation). Puis il effectue un détour par la Direction générale de la police nationale où, en 1993, il doit remettre en lice les BAC délaissées par la gauche au profit de la « police de proximité ».

En 1998, Meillan réintègre la DST où il prend la tête de la sous-direction technique pour y développer la sécurité informatique. Lorsque Beauvau s'efforce de mettre la main sur Yvan Colonna, le fugitif et nationaliste corse soupçonné d'avoir participé à l'exécution du préfet Claude Érignac le 6 février 1998 à Ajaccio et que la police va traquer durant des années, Meillan est associé aux recherches et assiste aux réunions hebdomadaires autour de Claude Guéant et parfois de Nicolas Sarkozy. Il flirte avec le noyau dur des flics sarkozystes, le premier cercle. Poulain de Claude Guéant, Meillan est propulsé en septembre 2003 à la tête de l'IGS.

À son arrivée, il découvre que les audits dont l'IGS est chargée sont confiés à des fonctionnaires mis au placard. Or, à ses yeux, un audit est un acte important. Il s'agit du contrôle d'un service et de sa façon de fonctionner, sanctionné par un rapport suivi de recommandations. Ce n'est pas anodin, d'autant qu'il arrive que lors de ces contrôles soient détectés, dans les commissariats, des flics ripoux. Meillan regrette aussi cette culture du silence qui imprègne la PP et dont on se sert pour camoufler des attitudes scandaleuses et étouffer tout ce qui pourrait nuire à l'institution et à son image. Dans une affaire de viol, l'IGS a ainsi conseillé à la victime de raconter que le viol qu'elle avait subi avait été commis dans le métro et non à la préfecture. Mieux, l'assistante sociale de la PP suggérera carrément à la victime de retirer sa plainte.

Sous Meillan, l'IGS n'a pas chômé. Rien qu'en 2009, elle ouvre 1 200 dossiers. 64 personnes dont 46 fonctionnaires sont placées en garde à vue ; 16 seront suspendus de leurs fonctions. Meillan traite aussi une affaire de racket sur un vendeur à la sauvette. Cet Indien en situation irrégulière est brutalisé et délesté de 220 euros au commissariat du XVIIIe arrondissement – un des commissariats les plus « criminogènes » de France, à lire la litanie des affaires dans lesquelles il est impliqué depuis de très nombreuses années. Le nouveau patron de l'IGS découvre que les violences envers les Pakistanais et les Indiens sont à Paris monnaie courante. Un policier se remplit les poches lors des perquises. Avec le fruit de ces larcins il s'est offert une puissante moto que son épouse a réglée par chèque. Elle venait de déposer sur son compte 2 000 dollars. Toujours dans le commissariat du XVIIIe, une affaire mouille la BAC 75. Un automobiliste se plaint qu'on lui ait « introduit entre les fesses un objet métallique ». La victime avait été arrêtée ivre et sans permis.

L'enquête qui a marqué Meillan reste cependant celle que son service a conduite après la mort de Bouna Traore et Zyeb Benna. Jusque-là, entre Meillan, Guéant et Sarkozy l'entente était presque cordiale ; cela ne va pas durer.

Sarkozy et le secret de l'enquête

L'IGS a été chargée d'établir la chronologie des événements qui ont abouti au décès de Bouna Traore et de Zyeb Benna. Les deux jeunes retrouvés morts à 19 h 10 dans un local d'EDF tandis qu'un troisième jeune, Muhittin Altun, échappant à la mort, n'a été « que » grièvement blessé.

Un juge d'instruction instruit l'affaire à Bobigny pour « non-assistance à personne en danger ». Les trois jeunes avaient pris la fuite devant les policiers qui s'étaient alors lancés à leur poursuite tandis que d'autres de leurs collègues récupéraient d'autres fuyards et les ramenaient au commissariat. Ils pensaient leur intervention achevée et avoir interpellé tous ceux qu'ils poursuivaient. Un policier toutefois avait émis sur les ondes radio un doute qui va faire couler beaucoup d'encre : *Peut-être quelques-uns se sont-ils introduits dans le local EDF ?* Si c'était le cas, la police le sachant et n'ayant rien fait encourait de sévères sanctions.

Ce qui s'est dit sur les fréquences radio ce jour-là siège donc au cœur de l'enquête de l'IGS. En effet, celle-ci doit établir s'il y a eu ou non une faute policière. Pour tirer l'affaire au clair, l'IGS va mobiliser une dizaine d'inspecteurs, qui entendront 11 policiers et 10 jeunes. La PJ de Saint-Denis quant à elle s'occupe du versant judiciaire. Elle investigue « les causes de la mort » afin d'établir d'éventuelles responsabilités.

Le 2 novembre 2005, le préfet Pierre Mutz convoque dans son bureau Éric Meillan et le patron de la PJ parisienne. Il informe les deux hommes que Matignon, l'Élysée et Beauvau réclament une note sur l'affaire. L'IGS s'y colle et la rédige avec divers éléments qu'elle a recueillis. Il ne s'agit que d'un document de travail qui signale en passant que Zyeb Benna est connu pour « vol avec violences » des services de police. L'habitude. L'Inspection vérifie toujours les antécédents des victimes. Vice ou tradition, c'est ainsi. Même si l'usage – comme je l'ai montré – qui peut être fait de ce genre d'information n'est pas sans arrière-pensée. Le patron de l'IGS d'ailleurs l'écrira plus tard : « La diffusion publique du rapport n'aurait jamais dû avoir lieu[1]. »

1. Éric Meillan, *Confessions d'un sale flic*, La Boîte à Pandore, 2012, p. 203.

Le lendemain, Éric Meillan retrouve Place Beauvau Claude Guéant, le directeur de cabinet de Sarkozy, qui l'a convoqué. Le ministre doit recevoir dans l'après-midi les parents des victimes, avant même que l'enquête administrative ne soit achevée. Meillan a été prié d'assister à l'entretien. Il débarque avec quelques documents et une mallette à la main, et se dirige vers la salle de réception du ministère où doit avoir lieu le rendez-vous. Le patron de l'IGS se tient à la gauche du ministre, Nicolas Sarkozy, flanqué de Claude Guéant et de Michel Gaudin, le DGPN.

L'avocat Jean-Pierre Mignard et les familles font leur entrée. Sarkozy distribue alors la note qu'il a réclamée la veille où est mentionné le passé délictueux d'une des victimes. Fâcheux. Aussitôt les parties civiles s'indignent, elles crient au scandale. On veut salir la victime.

Ce ne sera pas la seule entorse aux principes. Le 7 décembre 2005, *Le Monde* publie des extraits des PV qui mettent Nicolas Sarkozy en rage. Meillan est convoqué dans le bureau du ministre à 9 heures du matin. Le patron de l'IGS arrive accompagné du préfet Pierre Mutz. Nicolas Sarkozy s'emporte tout de suite et lui passe un savon. Il exige de savoir ce que Meillan sait (il veut avoir accès à la procédure) mais ce dernier refuse de violer le secret de l'instruction. L'enquête de l'IGS semble en effet démentir les premières déclarations de Nicolas Sarkozy qui exonérait les policiers de toute responsabilité. Le ministre ordonne à Meillan de faire une conférence de presse pour rétablir la vérité. Meillan écrira plus tard que ses téléphones étaient surveillés via les fadettes (documents qui permettent de connaître la liste des appels donnés et reçus). La confiance n'était plus de mise.

Aucune sanction administrative ne sera finalement prise à l'encontre des policiers concernés[1]. Et les flambées de violence de l'automne ouvrent la voie à la radicalisation de certains émeutiers.

Les cités deviennent pour quelques-uns un terrain propice au développement d'une guérilla urbaine « new look ».

1. Les deux policiers mis en examen le 8 février 2007 pour non-assistance à personne en danger sont relaxés lors de leur procès en mai 2015. Relaxe confirmée en appel en 2016.

8

L'effet Villiers-le-Bel

Villiers-le-Bel est une cité-dortoir du Val-d'Oise qui compte, en 2012, 26 000 habitants. Le 25 novembre 2007, elle est justement le théâtre d'un nouveau drame. Moushin Sehhouli, 15 ans, et Laramy Samoura, 16 ans, meurent sur leur mini-moto lors d'un accrochage avec une voiture de police rue des Arpents. Cela s'appelle un pare-chocage. À Villiers-le-Bel, il provoque trois nuits d'émeutes du 25 au 27 novembre 2007.

Les insurgés n'attendent pas pour se soulever les conclusions de l'IGPN, qui recoupent celles de la police. L'Inspection considère qu'il s'agit d'« un accident de la circulation ». La police aussi. Un malheureux refus de priorité. Autres points d'accord : la mini-moto n'était pas homologuée. Elle n'avait ni freins ni éclairage et, selon l'instruction, les deux jeunes ne portaient pas de casque. La voiture de police roulait à 64 kilomètres à l'heure sans gyrophare ni avertisseur. Finalement, les policiers obtiennent un non-lieu. L'IGPN confirme la thèse de la police, les deux jeunes auraient refusé de céder la priorité à droite. L'Inspection rejette toute faute grave de la part des policiers. Les deux victimes qui seront enterrées l'une au Maroc, l'autre au Sénégal, n'avaient ni l'une ni l'autre de casier judiciaire. Reste la réaction d'une partie des jeunes de Villiers-le-Bel. Trois nuits d'émeutes qui laissent songeur : des dizaines de policiers blessés dont le commissaire de police Jean-François Illy « tabassé par des émeutiers », auprès duquel Nicolas Sarkozy se rendra alors que le policier est hospitalisé[1]. Le plus souvent, les blessés l'ont été par armes à feu et certains même grièvement.

Les policiers touchés par des tirs de plombs ne se comptent plus, comme ce brigadier-chef atteint d'une décharge en plein front. Tout aussi surprenant est le nombre restreint des émeutiers. Un groupe que la police évalue à 60 voire 80 personnes. Les rapports de police qui font le décompte des attaques soulignent la radicalité des « jeunes des banlieues » à défaut de pouvoir être plus précis. Le mot d'ordre semble avoir été, ces trois nuits-là à Villiers-Le-Bel : « Deux jeunes tués, il faut que deux policiers meurent. » Dans leurs rapports et plus tard dans leurs auditions, les policiers livrent leurs impressions narrant ce qu'ils ont vu et ressenti. Ces morceaux choisis, je les emprunte au dossier judiciaire. Je les cite comme des notes, bout à bout, dans leur crudité sans commentaire. Elles restituent l'ambiance et le degré de violence atteint durant les émeutes de Villiers-le-Bel.

---

1. Celui que certains ont baptisé le « commissaire courage » sera l'objet d'une enquête administrative de l'IGPN qui, en avril 2020, aboutit à sa mise à la retraite d'office à la suite d'un conseil de discipline qui lui reproche une gestion très atypique de ses services.

Un capitaine de CRS souligne le caractère organisé des émeutiers ayant mis en place un « mouvement tactique »... Un Africain « armé d'un fusil à pompe, flanqué d'un Maghrébin muni d'un fusil de chasse ». « Boulevard des Érables, un tireur agenouillé tire à trois reprises avec un fusil à pompe », « un tireur de type africain, 1,70 mètre, corpulence mince, fusil à pompe à canon court ».

Dans la nuit du 26 au 27, au rond-point Salvador-Allende, près du Simply Market, incendie d'un camion poubelle, des jets de cocktails Molotov plus des tirs de plombs et des calibres supérieurs. Dans la ligne de mire : des CRS et une compagnie départementale d'intervention.

Ciblé, le commissariat de Sarcelles, pierres, mortiers d'artifice, cocktails Molotov – face aux flash-balls. Une compagnie de sécurisation de Paris visée par des tirs d'armes à feu : plusieurs blessés. Un tireur muni d'un fusil de chasse est embusqué dans un buisson, plusieurs blessés dans la BAC de Sarcelles. Un brigadier en appui à des CRS atteint par des plombs à l'œil, neuf mois d'ITT, « infirmité permanente partielle liée à la mise en place d'une prothèse oculaire ».

Un commandant de CRS parle de « guerre urbaine », de « gens déterminés à tuer des policiers ». Il n'avait « jamais été, assure-t-il, après dix-sept années dans la police, confronté à une telle situation ». Rond-Point du 19-mars-1962, cocktails Molotov, pavés, bouts de macadam, un CRS victime d'un traumatisme facial... À ce rond-point, affrontements très violents. Une voiture de police de commandement bloquée par des émeutiers. Un policier s'en extrait blessé à la main, au bras gauche et à la cuisse gauche : soixante jours d'ITT. On jette des blocs de pierre sur les policiers. Un CRS attaqué par 50 émeutiers munis de barres de fer, de boules de pétanque qui l'obligent à quitter son véhicule. Il sort et reçoit une pierre sur le mollet gauche. Une fabrique de cocktails découverte dans le quartier de la Cerisaie. Le 26 novembre un petit groupe armé se dirige vers la caserne de pompiers. Un des émeutiers a un pistolet. Trois autres qui auraient entendu un des leurs dire : « L'objectif est de tuer des policiers. »

« Villiers a été un choc pour nous », avoue Frédéric Péchenard. Mais aussi l'expression d'une relative faiblesse des forces de l'ordre face à des gens déterminés. Ces émeutes auront d'ailleurs une incidence sur l'équipement des policiers qui s'enrichit d'un bouclier balistique souple, de lunettes transparentes à porter sous les casques pare-balles de défense de 40 mm ou encore le remplacement du flash-ball par le LBD 40 (conçu après les émeutes de 2005) et qui peut atteindre une cible distante de 50 mètres, équipé d'un système de visée électronique. La police se dote aussi de 200 pistolets à impulsion électrique (le Taser) ou encore de 24 000 grenades de désencerclement (déflagration de forte intensité). Côté militaire, on reçoit des drones et des caméras à infrarouge[1].

Qui sont ces émeutiers qui n'hésitent plus à tirer avec des armes à feu sur des policiers ? Il n'existe pas de portrait type mais des dossiers judiciaires émergent des personnalités aussi complexes qu'ambivalentes. Je

1. *Le Monde*, 22 mars 2008.

m'en tiendrai à ces quelques éléments extraits d'une instruction qui s'est attardée sur le rôle des principaux protagonistes de l'affaire, qui ont été d'ailleurs les deux accusés les plus lourdement condamnés.

La fratrie des Kamara

Personnage à double face, Adama Kamara est présenté à la fois comme un médiateur et le meneur des émeutiers. Un Mr Hyde et Dr Jekyll qui a grandi dans la ZAC au sein d'une famille polygame, d'origine sénégalaise, et que le dossier judiciaire portraiture en « délinquant déséquilibré ». Son casier recense huit condamnations depuis novembre 1999 pour port d'arme prohibé, violence, outrage et rébellion, menaces de mort, conduite sans permis ou encore violences en réunion.

Plus inattendu : le jeune homme manifeste un réel intérêt pour les sociétés de sécurité. Il en a lui-même créé une, la JRK Sécurité, qui a fait quelques prestations pour des mairies au cours de l'année 2003. Il a aussi, cette année-là, travaillé pour la société d'un certain Ange Abdoulaye Diallo à Sarcelles et à Villiers-le-Bel. Adama aurait aussi tâté de la politique au Parti socialiste puis à l'UMP (aujourd'hui LR). Le « en même temps » semble chez lui un trait de caractère. Celui qu'on surnomme le « shérif » aurait été un des organisateurs de la marche silencieuse qui a suivi le télescopage mortel, aimant jouer les médiateurs et les « juges de paix ». Une demi-heure après l'accident mortel rue des Neuf-Arpents, selon l'enquête il prenait la tête d'une soixantaine de jeunes, un fusil à pompe à crosse et canon courts à la main. L'esprit médiateur a ses limites. À la maison d'arrêt de Fleury-Mérogis, il aurait été surtout un meneur mêlé aux bagarres entre détenus et lors de la deuxième nuit d'émeutes, à la gare de Villiers-le-Bel, il aurait poussé les émeutiers à « tout casser ».

Après les arrestations du 18 février 2008, la police affine son rôle. L'un des interpellés interrogés prétend qu'il donnait des instructions et constituait des groupes. Ayant récupéré un talkie-walkie de la police, il s'en servait pour prendre les policiers à revers. Des postes dits Acropole pour les communications policières ont en effet disparu lors des émeutes, dont celui du commissaire Illy, deux en dotation au commissariat de Gonesse. La mise hors service de ces postes n'interviendra que plusieurs jours après leur disparition. Durant ce laps de temps, les émeutiers s'y connectaient pour se tenir informés des manœuvres de la police.

Adama a aussi un frère, Abderhamane dit Abou, qui passe avec lui pour une des « têtes de la ZAC »[1]. Lors des émeutes, Abou apparaît sur une vidéo de M6 armé d'un fusil à pompe court à crosse de pistolet. Pourtant il a nié lui aussi avoir participé aux émeutes. Il était rue Saint-Maur à Paris, au restaurant Le Jumeyrah. C'est précis. Il ne pouvait donc être à la fois dans deux endroits si éloignés l'un de l'autre. Abou y a, dit-il, une table réservée. C'est un habitué. Mais son alibi vacille et ne tient plus. Abou devra changer de version. Il rectifie, et se souvient qu'il était

1. Lors du procès en appel en octobre 2011, Adama et Abderhamane Kamara ont été condamnés à 12 et 15 ans de réclusion.

en effet plutôt au bar à chicha le Chicken à Villiers-le-Bel[1]. Lui et son frère sont accusés d'avoir tiré sur des policiers. Tout comme Mara Kanté.

Mais les preuves de la culpabilité de ce dernier ne devaient pas être bien solides, car après vingt-neuf mois de détention pour tentative d'homicide, il sera acquitté en octobre 2011. Kanté raconte qu'en prison il a débuté son éducation politique : « J'ai rencontré [à l'isolement] Benjamin Rosoux du collectif de Tarnac » (petit groupe d'ultra gauche accusé d'avoir commis des sabotages sur des lignes de TGV sans que la justice puisse établir la matérialité de l'accusation). Il lui a fait lire Frantz Fanon, Malcolm X, Toussaint Louverture, les Black Panthers. « J'ai pris conscience de plein de choses, dit-il, Benjamin a été un des facteurs de cette prise de conscience. » Lui et Rosoux partageaient la même cellule à la Santé.

Si les émeutes de Villiers-le-Bel ont été un choc pour Frédéric Péchenard, alors le grand patron de la police, elles ont suscité un réel engouement dans les sphères de l'ultra gauche. Un de ses représentants a même écrit sur ces émeutes des pages enflammées.

Mathieu Rigouste, le « fiché S »

Mathieu Rigouste se dit « au service des luttes sociales ». « Sociologue du pouvoir », il écrit des livres (*L'Ennemi intérieur* ou encore *Les Marchands de peur*), réalise des vidéos, fait des piges dans certains médias

1. PV d'audition du 27 mai 2008.

sur Internet et des tweets. Celui qui se définit comme « militant chercheur » est un des piliers du comité Vérité et Justice 31 contre les violences policières et le racisme d'État.

Son engagement et ses écrits lui valent de nombreuses inimitiés. La nuit du 22 juin 2013, dans les rues de Toulouse, des policiers de la BAC l'ont, dit-il, ciblé. Mathieu Rigouste passe un mauvais quart d'heure[1]. Bilan de son interpellation : un visage tuméfié, deux tympans perforés, des hématomes un peu partout et un poignet cassé. Trois pages de constat du médecin légiste ne font pas pour autant de lui une victime. Il est même poursuivi pour outrage et rébellion et violence. Il aurait agressé six policiers. Sa plainte contre la police est classée, le juge ayant décidé le non-lieu. À Toulouse, la BAC « chassait », dit-il, quand il a été arrêté puis bâtonné au commissariat. Sa plainte n'a pas été traitée par l'IGPN. Soixante jours d'ITT, selon le médecin qui l'a examiné, et au pénal trois jours.

Lors du procès (qui n'a toujours pas eu lieu en juin 2021) que lui intente le syndicat Alliance, il découvre qu'il est fiché S. À peine est-il étonné, car il passe pour un « idéologue des anti-flics ». Il écrivait en 2011 : « Il y a cinquante ans (en octobre 1961) [...] l'État [français] sacrifiait à la police [parisienne] une manifestation pacifique de 20 000 colonisés. Plus de 200 parmi eux ont été assassinés cette nuit-là par des fonctionnaires assermentés et jamais punis. » Évo-

1. Mathieu Rigouste raconte ce qui lui est arrivé sur le site de l'IAATA (Information anti-autoritaire Toulouse et alentours) : « L'État m'a tabassé, il a fait son travail. »

quant les 15 personnes tuées du fait de l'usage du LBD, il dit : « Ce ne sont pas des bavures, c'est un système. » La tonalité de ses propos rappelle un peu certains discours des années 60. Sans doute cela lui vaut-il sa fiche S glissée dans un dossier en vue d'un procès. « Ils fichent, dit-il, tout ce qui leur résiste. » Il ajoute, philosophe, que cette fiche n'est gênante que « quand [il sort] du territoire européen ».

Rigouste est aussi l'auteur d'un texte intitulé « Retours sur la bataille de Villiers-le-Bel[1] ». Il y établit un curieux parallèle : « Sur un principe comparable au DPU (dispositif de protection urbaine) de la bataille d'Alger, Villiers-le-Bel a subi une tactique de pacification militaro-policière basée sur des formes de quadrillage et d'action commando de basse intensité. Les cités de la ville ont été soumises au principe de la punition collective policière directement hérité du droit colonial [...]. Elles ont été recouvertes sous des nuages de gaz lacrymogène, transpercées par des tirs de flash-ball et les viseurs infrarouges de troupes d'élite héliportées [...]. Plusieurs centaines de personnes ont affronté avec de simples pierres, des boulons ou des cocktails Molotov les compagnies de maintien de l'ordre de la 5e puissance mondiale. » David contre Goliath. Mais aussi une vision un peu partiale des faits et une réalité transcendée, voire fantasmée.

Rigouste s'inscrit dans une tradition politique qui semblait avoir disparu, reléguée dans les pages

1. Dans l'ouvrage collectif *Vengeance d'État, Villiers-le-Bel, des révoltes aux procès*, Syllepse, 2011.

d'histoire, celle de la « lutte armée révolutionnaire ». Rigouste n'est donc pas par hasard le préfacier d'une réédition du *Manuel du guérillero urbain* de Carlos Marighella (écrit en juin 1969). Un des inspirateurs des Brigades rouges italiennes. À sa mort, en novembre 1969 (tombé dans une embuscade de la police de São Paulo à la suite d'une trahison), la Tricontinentale alors entre les mains de Fidel Castro lui rendit hommage dans sa revue éponyme (en janvier 1970). On y faisait l'apologie de la lutte armée. Dans son numéro 3, on écrivait : « des fusils pour abattre les flics ». Son numéro 7 faisait la promotion du fusil de chasse Winchester calibre 12 dont il vantait les performances : « Dans les villes, il donne de magnifiques résultats pour les attentats, les exécutions. » La revue *Tricontinentale* mettait encore à l'honneur dans son numéro 8 « le M16 à canon coupé susceptible de lancer des cocktails Molotov ».

Rigouste relève d'une autre tradition, celle des « anti-flics ». On se rappelle ce slogan apparu lors des manifs de « gilets jaunes » : « Policiers, suicidez-vous. » Cette aversion pour la police est cependant ancienne, devenue après Mai 68 encore plus prégnante.

Police, je vous hais

En 1971, pour quelques-uns, il ne s'agit pas de dénoncer des bavures ou le fichage des militants mais de casser du flic.

Les policiers sont devenus les cibles de groupes activistes comme la Gauche prolétarienne – la GP – ou VLR – Vive la révolution – qui préconisent des « actions ponctuelles contre des membres des forces de l'ordre ». Ils s'identifient volontiers au groupe Manouchian et à l'OS, l'organisation spéciale du FLN. Ils en font des références du moins dans leurs écrits. Une soixantaine de militants maoïstes sont dédiés à cette tâche : attaquer en petits groupes des policiers isolés – qui, disent-ils, « ne sont que des tigres de papier ». « En apparence ils sont terribles mais en réalité ils ne sont pas si puissants... c'est le peuple qui est vraiment puissant », dit leur prose militante.

Le 10 mars 1970, 60 membres de la GP se ruent dans le métro, armés de manches de pioche hérissés de clous sur des policiers qui s'apprêtent à prendre leur service. La GP forme alors ses militants à la technique de combat au long bâton dite « Vo Vietnam ». VLR optait plutôt pour le harcèlement en taguant près des domiciles de policiers (qu'ils suivaient à la sortie des commissariats) « Ici base SS ». Dans le Ier et le XIIIe arrondissement de Paris, des groupes de maos surveillaient les actions de la police « allant à l'encontre de la volonté populaire ». Une note de police[1] évoquait même un projet de séquestration de fonctionnaires des RG qu'auraient envisagé des anciens de la gauche prolétarienne en vue de les échanger contre des détenus politiques.

Dans cet esprit de guerre larvée, à la police se constitue, en septembre 1971, une commission de vigilance

1. Note des RG du 13 février 1971.

sur les pratiques policières. Elle se crée sous l'égide du Secours rouge, mouvement fondé sous le patronage de Jean-Paul Sartre le 11 juin 1970 et l'impulsion d'un comité d'initiative comprenant notamment l'avocat Henri Leclerc, Robert Davezies (un ancien des réseaux tiers-mondistes d'Henri Curiel) ou encore le journaliste Claude Angeli, auxquels s'associent des militants de Lutte ouvrière, de la Ligue communiste, du PSU, ainsi que des oppositionnels du PCF tels que ceux du groupe Unir. Cette commission de vigilance veut constituer des dossiers destinés à alimenter le procès de la police qu'elle a prévu d'instruire dans les semaines à venir. Le Secours rouge réclame notamment le désarmement de la police après que deux gardiens de la paix eurent blessé deux jeunes de la ville de Villeparisis en banlieue parisienne[1]. Une affiche placardée disait : « La police tire, désarmons la police. »

La formule a été reprise cinquante ans plus tard par un groupe proche des Insoumis qui s'est baptisé « Désarmons-les ». Un des deux jeunes blessés roulait sur un vélo sans lumière. Une voiture de police le prend alors en chasse, elle s'arrête. Un gardien en descend et tire sur le jeune qu'il atteint à la jambe[2].

Il existe bien une tradition « anti-flics » issue de Mai 68 mais aussi une police qui ne s'est toujours pas dépouillée de pratiques et de comportements préjudiciables à son image.

---

1. Note des RG du 9 novembre 1972.
2. *La Cause du peuple-J'accuse*, 11 novembre 1972.

9

Les ripoux ont la vie dure

Les archives de l'IGPN regorgent d'affaires de flics qui un jour ont franchi la ligne rouge. Entraînés par leurs indics ou des collègues persuasifs, par faiblesse ou naïveté, ou encore par besoin et nécessité. Ils se paient sur la bête pour améliorer l'ordinaire ; ils appellent cela la « prime de risque ». D'autres ont basculé dans le monde de ceux qu'ils sont censés combattre. Ils touchent sur tous les trafics. On frise l'énigme indéchiffrable. Mais la plupart ont toutefois des « appétits » modestes. Ils se contentent de quelques billets, d'un repas, d'un voyage, de petits cadeaux, de cartouches de cigarettes ou encore de vêtements de contrebande. D'autres plus opportunistes saisissent l'occasion pour escamoter discrètement lors de perquisitions des liasses de billets. Enfin une poignée de ripoux relève du grand banditisme. Les années 80 ont été pour cette voyoucratie enkystée au sein de la police un moment d'apogée.

La préfecture de police de Paris fournit à l'époque son contingent. Début mars 1985, l'IGS coffrait un inspecteur principal de la BSP (brigade des stups et du proxénétisme), qu'elle arrête alors qu'il s'apprêtait à négocier 42 kilos de haschich puisés dans les prises effectuées par son service. Un inspecteur du fichier central de la PJ était pris à son tour sur le fait. Il vendait des renseignements sur son service à des truands. Un autre qui fournissait des infos sur le terrorisme d'extrême gauche était lui aussi arrêté. Très sollicitée, l'IGS révélait encore l'existence d'une filière de racket, de trafic d'influence. Certains fournissaient des faux titres de séjour à des immigrés « clandestins ». Un groupe de trois fonctionnaires les régularisaient contre espèces sonnantes et trébuchantes. À Lille, un flic améliorait son train de vie lui aussi en trafiquant sur les titres de séjour. Il était bien placé pour le faire puisqu'il dirigeait le service étranger de la police urbaine de Lille. L'IGPN avait estimé à l'époque qu'à lui seul il avait favorisé l'entrée en France de 500 à 600 Chinois de Hong Kong.

L'appât du gain n'épargnait aucun secteur, même les plus inattendus. La société de Jean-Baptiste Doumeng, le milliardaire rouge, Promogros, introduite à la préfecture de police par un haut fonctionnaire influent, vendait des produits 10 % plus cher aux cantines et aux centres d'achat des policiers parisiens. Mais, durant ces années, une affaire a éclipsé les autres.

Loiseau et l'affaire Vrindts

En 1985, des braqueurs assermentés avec carte tricolore ont été dégringolés après une série d'attaques à main armée. La bande comprenait notamment deux inspecteurs de la BRB (brigade de répression du banditisme), une des brigades centrales les plus renommées du 36. Cette année-là, des policiers sont impliqués à Lille, à Cannes, à Pau et sur la Côte d'Azur où des gardiens de la paix multiplient les cambriolages. Le mal s'étend mais les grosses affaires se concentrent à la BRB, aux stups, qui attirent les esprits aventureux. Le business y est surtout potentiellement bien plus lucratif.

Un de ces esprits se nomme Michel Mandonnet. Accusé, avec deux comparses, d'avoir, en mai 1985, détroussé dans leur chambre d'hôtel deux Yougoslaves. Le butin s'élevait à 60 000 francs en dollars. Une somme coquette pour l'époque. Écroué en octobre 1985, jugé et condamné, Mandonnet sera quelque temps un des pensionnaires du carré des VIP de la Santé. L'année suivante, l'affaire Loiseau enrichit le tableau.

Flic à la BRI – l'antigang –, Dominique Loiseau est accusé d'avoir participé en novembre 1984 à l'attaque d'un centre Leclerc dans l'Essonne[1]. On parle de trafic de magnétoscopes au 36. L'IGS est saisie. Dominique Loiseau, arrêté, proteste de son innocence sans convaincre. Le 21 janvier 1986 il est incarcéré à la prison de Bois-d'Arcy alors qu'un vent de révolte souffle sur la PJ parisienne depuis la mort d'un inspecteur de la BRB, tombé le 14 janvier alors que l'IGS devait l'interroger le 16 janvier.

L'homme s'appelait Jean Vrindts. Son nom figurait sur une liste de flics suspects. Fin décembre 1985, un

1. L'année 1984 a vu à elle seule 120 policiers mis en cause dans des affaires délictueuses.

indic emprisonné pour des vols à main armée l'avait dénoncé comme un ripou. Vrindts, abattu lors du hold-up de la rue du Docteur-Blanche, une agence du Crédit lyonnais du XVIe arrondissement, n'aura pas le temps de s'expliquer. La BRB et la BRI y avaient improvisé une planque qui a mal tourné. Les braqueurs s'enfuient et tuent l'inspecteur Vrindts. Émoi et colère à la PJ parisienne. Les inspecteurs chargent alors les patrons des deux brigades – Claude Cancès et Raymond Mertz – qu'ils accusent d'être intervenus en faisant prendre d'énormes risques à leurs hommes[1]. La hiérarchie se plaint de son côté du manque d'allant des inspecteurs. Mertz aurait agi de façon inopportune, seul, l'arme au poing, entraînant avec lui le patron de la BRI, Claude Cancès, qui n'avait dès lors plus d'autre choix que de le suivre. Les obsèques de Jean Vrindts se déroulent le 17 janvier 1986 dans la cour de la préfecture de police. Claude Cancès évoque le sacrifice de son collègue. Il est le seul à lui rendre hommage. Le préfet a fait dans la sobriété. Vrindts ne sera pas décoré à titre posthume de la Légion d'honneur. Il se contentera de la médaille d'or pour acte de courage et de la médaille d'honneur de la police. Le patron de la PJ, Pierre Touraine, a finalement maté la révolte du 36.

Quant au procès de Dominique Loiseau, il s'ouvre le 2 octobre 1991 à Paris. La cour d'assises le juge,

1. Raymond Mertz est écarté de la BRB en 1983, suite à une affaire de passage à tabac et de ratonnade dans ses équipes de la 2e BT (brigade territoriale). Il refusa aux enquêteurs de l'IGS d'accéder à son service.

lui et ses complices, pour agressions, cambriolages, attaques à main armée. Les ripoux auraient aussi pillé des fourreurs d'Auvers-sur-Oise. Autant de crimes auxquels Loiseau nie être mêlé – il le fait avec véhémence mais sans être entendu – et pour lesquels il est condamné à douze ans de prison. L'affaire aurait été montée, affirme-t-il, par l'IGS pour mettre un terme à la fronde née à la PJ après la mort de Vrindts.

Les années 80 ont été riches en affaires mais les ripoux existent toujours. Ils n'ont pas disparu. On en parle moins. Ils chassent le plus souvent en bande, quelques-uns en solo. Certains, on va le voir, ont plus de chance que d'autres et semblent être intouchables.

La note blanche

Elle m'est parvenue un peu par hasard lors d'un entretien dans un bistrot de Saint-Germain-des-Prés à Paris avec une de mes sources habituelles. J'achevais mon petit déjeuner quand la note glissa sur la table poussée dans ma direction par une main amie. Elle avait été rédigée par un syndicaliste policier et n'était pas signée. Dactylographiée, on y avait ajouté à la main le nom du syndicat. Je ne le cite pas, car cette note blanche transmise au parquet de Paris n'a eu d'après mes sources aucune suite. Aucune enquête n'a été diligentée. Il existe donc des affaires qui n'en sont pas, car elles ne sont ni traitées ni validées. Pourquoi ? La question est posée, je n'ai pas la réponse.

Que dit la note ? Elle évoque un réseau de flics parisiens qu'on pourrait qualifier de « ripoux » ou de flics complices des ripoux par leur silence. Ils savent et se taisent, car ce ne sont pas des « balances » ou par prudence, voire par peur.

Un capitaine spécialisé dans les affaires financières (il a été affecté à l'OCRGDF, l'Office central pour la répression de la grande délinquance financière, et a travaillé à la BRIF, brigade de répression des infractions financières) en est l'élément central. Son nom apparaît dans un important dossier financier, écrit la note blanche, médiatisé à Paris et dans lequel le capitaine en question serait mis en cause. Ou aurait pu l'être, car pour lui sauver la mise l'audition d'un témoin qui l'accusait a été refaite par un fonctionnaire qui s'est arrangé pour que le capitaine ne soit pas inquiété en évitant que son nom n'apparaisse. La note cite encore un policier parisien « arrosé » et un indic impliqué dans des dossiers financiers et qui semble toujours s'en tirer, car il serait protégé. Ancien employé de banque, il servirait d'informateur au fameux capitaine. D'après la note, ou les ripoux « toucheraient », ou ils se tairaient tout en sachant, mais sans toucher eux-mêmes.

Figurent encore sur la note blanche le nom d'un ex de la BRIF, celui d'un fonctionnaire de l'IGS et d'un autre de la BRB. Enfin est citée une enquête de l'IGS sur un « franc-maçon » affecté à un service de documentation. Ces policiers jusqu'à présent ont échappé à la police des polices. Quant au capitaine, il a pris du galon. Je précise que j'ai un peu brouillé les pistes en modifiant quelques détails de la note.

Ripoux en solo

Agir en solo est plus risqué. Le ripou opère dans ce cas sans filet. Il ne peut compter que sur sa discrétion, la chance et son habileté.

Le capitaine B. opérait en solitaire, sans protection, en « électron libre ». C'est un « free-lance ». Un petit artisan qui ne se débrouillait pas si mal jusqu'à ce qu'il tombe. Il n'existe pas de martingale qui mette un ripou éternellement à l'abri.

En poste en 2014 à la sûreté territoriale de Paris, le capitaine B. n'affiche pas un train de vie en rapport avec ses revenus officiels. Propriétaire d'un pavillon dans les Yvelines, il possède deux motos et une Chrysler Voyager. Ses comptes en banque sont bien garnis, tout comme ceux de sa femme. Ces imprudences lui seront fatales lorsqu'il devra s'expliquer. Il surgit au cœur d'un dossier judiciaire épais et conséquent. L'IGPN consacre une enquête minutieuse – de type multimédia et tentaculaire – à ce flic qui arrangeait les affaires d'un réseau de masseuses thaïlandaises auxquelles il fournissait des papiers moyennant finance. Ce sont les écoutes qui l'ont trahi. Il y apparaissait sous l'appellation de « notre ami » puis sous le prénom de « José ». Lorsqu'il est finalement identifié, sa ligne téléphonique est placée sous surveillance technique. Grâce au capitaine B., la maquerelle qui gérait le réseau de masseuses faisait venir en France des Thaïlandaises en situation irrégulière dont le capitaine B. arrangeait ensuite les affaires.

Ces ripoux solitaires tombent souvent sans faire de bruit. L'inspecteur L. a fait exception. Il aura quelque temps les honneurs de la presse. Il travaillait à la 8e division spécialisée dans les affaires économiques et financières à une époque où les scandales se succédaient et éclaboussaient la classe politique. Il sera une des victimes collatérales de l'affaire (Michel et Chantal) Pacary, un couple mis en examen au début des années 90 pour escroqueries, détournement de deniers publics ou privés et recel. L. a été harponné par l'escroc. Pacary lui aurait versé un salaire de 25 000 francs par mois ainsi que des petits cadeaux. Il met l'inspecteur de la Direction centrale de la police judiciaire dans sa poche alors que ce dernier participe à l'enquête qui le concerne. Bien joué. Le pacte entre les deux hommes se scelle en février 1994 alors que L. est chargé de la garde à vue de Pacary.

Le patron de la 8e division des affaires économiques et financières, Jacques Guimezanes, plutôt soupçonneux de nature, s'interroge sur certaines anomalies de l'enquête. La police se fait inexplicablement et régulièrement doubler et couper l'herbe sous les pieds.

En mai 1995, Guimezanes alerte l'IGPN qui place le ripou en garde à vue le 31 mai, tandis que la justice le mettra dans la foulée en examen. Tout s'enchaîne. Placé sous mandat de dépôt, L. est écroué à la prison de la Santé pour « violation du secret professionnel et corruption passive ». Il est accusé d'avoir noué des relations d'intérêt avec Michel Pacary qu'il aurait informé des avancées de l'enquête. L'escroc lui avait offert un téléphone portable (plutôt rare à l'époque) pour que L. puisse l'appeler à tout instant. Il se tenait ainsi informé des opérations que la police projetait contre lui. Son épouse a pu vider le château qu'elle avait acheté près de Blois, dans le Loir-et-Cher, de ses meubles et tableaux de valeur la veille d'une perquisition. Le conseil de discipline révoquera le policier stipendié.

La « tricoche » résiste bien

Un billet par-ci, un autre par-là, ou un bon repas. D'anciens policiers reconvertis dans la police privée veillent à entretenir de bonnes relations avec leurs collègues encore en poste qu'ils mettent à contribution pour accéder à la précieuse documentation de la police et à ses fichiers. Le vice est ancien mais le business a explosé ces vingt dernières années. Il s'ancre désormais solidement dans les rangs policiers mais aussi chez les techniciens et les personnels administratifs. Le mot a mauvaise presse mais on peut parler de « gangrène ».

En 2008, le chef de la brigade des fraudes aux moyens de paiement de la PJ parisienne est accroché pour une affaire de « corruption passive ». L'enquête de l'IGS s'avère délicate eu égard au potentiel relationnel du policier qui compte de nombreux amis dans la hiérarchie policière – quelques-uns se manifesteront d'ailleurs auprès du patron de la police des polices. L'homme vendait des infos récupérées sur le fichier STIC (système de traitement des infractions constatées) à une officine privée employée par le groupe Total, une boîte d'intelligence économique dirigée par un ancien collaborateur de Philippe Legorjus, ex-patron du GIGN. Le STIC est devenu une poule aux œufs d'or qui fait prospérer les affaires de tricoche.

À Nice, un flic reconverti dans la police privée venait en personne consulter à la caserne Auvare, l'état-major de la police niçoise, les fichiers de police. Il avait son code d'accès. À Nice encore, un flic de la PAF (police aux frontières), membre de la Grande Loge nationale de France (GLNF), obédience maçonnique étiquetée plutôt à droite, utilisait également le STIC pour examiner les casiers éventuels des candidats maçons. Il l'aurait consulté à 597 reprises entre janvier et août 2001. Sa curiosité semblait insatiable, s'étendant à des célébrités telles qu'Alain Delon ou Jean-Paul Belmondo. Le 31 octobre 2000, alertée par un envoi anonyme, l'IGPN avait perquisitionné le siège niçois de la GLNF. Un des flics francs-maçons mouillés dans cette histoire était le chef adjoint de la PJ financière de Nice.

Les fichiers sont devenus une manne. Il suffit de pianoter sur un clavier, de noter ou d'imprimer la fiche pour gagner quelques billets. De l'argent facile. D'autres ont fait de ces consultations un business à temps plein et ont pignon sur rue depuis de nombreuses années. Les affaires levées par l'IGPN pour trafic de fichiers confidentiels étant de plus en plus faciles et les fichiers de plus en plus nombreux.

Pour les assureurs qui utilisent les compétences d'ex-flics, c'est du pain bénit : fichiers des comptes bancaires, fichier national des automobiles ou encore le SPI qui centralise les renseignements sur les patrimoines des Français. Avant l'informatique, les dossiers de police n'en étaient pas moins déjà précieux et convoités. Un jour, un homme en blouse blanche de l'Identité judiciaire me glisse sous le nez la fiche dactyloscopique (les empreintes digitales) d'Antoine Pinay, l'ex-président du Conseil, « l'homme du franc fort ». Il avait été signalisé lors d'une rafle dans un hôtel de passe de la capitale… La fiche n'était pas à vendre, le gars de l'IJ attisait simplement ma curiosité.

Beaucoup d'entreprises ont recours aux services de ces ex-flics ayant gardé des contacts dans la police et les utilisent pour obtenir des informations sur leurs employés. Cette connivence n'est pas une nouveauté. Les RG ont toujours entretenu d'excellentes relations avec le patronat. Il existe même une tradition de vases communicants : des infos de l'un abreuvent les dossiers de l'autre et chacun y trouve finalement son compte. Après 1968, les RG adressaient leurs fiches aux entreprises inquiètes à l'idée d'embaucher par mégarde des gauchistes. La tricoche est un mal profond dont la police aura sans doute de la peine à se défaire un jour.

Reste que pour un flic, quand il est pris, ce peut être la prison, et la prison, ce peut être l'enfer pour lui.

10

Une enquête exemplaire

C'est ainsi que, par simple appât du gain, des flics oublient le danger et se précipitent en enfer. Lyon fut longtemps pour ceux qui s'écartaient du droit chemin un véritable triangle des Bermudes. En novembre 1990, trois d'entre eux sont ainsi impliqués dans des hold-up. Il s'agit d'une bande que coiffent le sous-brigadier Michel Lemercier et Alain Chemedikian, auxquels on impute la mort de deux convoyeurs de fonds de la société Transval abattus le 28 janvier 1989 à Firminy dans la Loire. Il a fallu cinq ans d'instruction pour établir les méfaits de cette bande qui, de 1985 à 1990, a commis 59 vols à main armée dans des bars PMU de la région lyonnaise. Ses membres encagoulés portaient des masques de carnaval et des postiches. Ils ont aussi ouvert le feu sur une patrouille de police[1].

Des années plus tard, Lyon est fatale cette fois à Michel Neyret, l'« étoile montante » de la Police judi-

1. Lemercier et Chemedikian ont été condamnés en février 1996 à la réclusion à perpétuité.

ciaire, numéro deux de la PJ lyonnaise et directeur adjoint de la direction interrégionale de la PJ de Lyon. Cette réputation d'excellence fait alors l'unanimité ou presque, car quelques-uns de ses collègues – et ils sont rares – ont remarqué son train de vie qui ne cadre pas selon eux avec celui d'un flic, même de haut niveau de la PJ. Mais la hiérarchie l'adule. Martine Monteil le qualifie de « meilleur chef de la BRI de l'histoire de la DCPJ ». Le grand patron de la police judiciaire, Gérard Girel, le décore le 14 octobre 2004 de la rosette, alors que ses collègues commissaires – la crème de la PJ – l'encensent. Le procureur général de Lyon lui-même sous le charme salue « un grand serviteur de la République ».

Je comprends mieux le dépit de cette figure de la PJ parisienne que j'interroge sur Neyret et qui lâche, amer : « Il nous a trahis. »

J'ai pu feuilleter de longs extraits de cette enquête menée par l'IGS, complétant mes connaissances avec d'autres écrits et des comptes rendus d'audience. Si l'IGS n'est pas toujours aussi zélée, s'il lui est arrivé de déchoir dans sa fonction, le travail qu'elle a accompli sur Michel Neyret m'a paru impitoyable et sans concession vis-à-vis de ce policier de haut rang promis sans doute à un grand avenir.

Sa chute démarre le jour d'une saisie de cocaïne chez une princesse saoudienne qui habite Neuilly-sur-Seine alors que la PJ est à la recherche d'un certain Dacheville en fuite.

Homme à la vie de globe-trotter, ce dernier passe pour un spécialiste du go-fast et a derrière lui une longue carrière de délinquant. À la même époque (le 16 février 2011), une écoute de la BSP oriente l'enquête vers un certain « Michel » ou « Nérus ». Peu après, toujours sur une écoute, apparaît le nom de Neyret. Aussitôt, le 36 se met en branle. C'est en écoutant ce Dacheville que le nom de Neyret est prononcé par un certain Gilles Bénichou, lui-même placé sur écoute et plusieurs fois condamné pour escroquerie. L'étoile de la PJ lyonnaise filerait-elle un mauvais coton ? Ce Bénichou, un bel escroc (à en croire les archives), aurait obtenu par l'intermédiaire de Neyret la fiche Interpol de Dacheville. Tout cela fait bien sûr tiquer l'Office central de lutte contre la criminalité organisée – OCLCO, ex-OCRB. Tout comme les sept consultations litigieuses de fichier qu'a effectuées Neyret. Le commissaire divisionnaire Thierry Huguet, chef de la brigade des stups, suggère alors dans un rapport du 22 avril 2011 de saisir l'IGS.

Le 26 mai 2011, le téléphone du directeur adjoint de la PJ de Lyon est placé sur écoute et Neyret sous la surveillance de l'IGS que dirigent à l'époque l'inspecteur général Claude Bard et son adjoint le commissaire divisionnaire Daniel Jacqueme. Le terrible triangle des Bermudes lyonnais, où tant de flics se sont déjà abîmés, ravive la malédiction. L'ombre du commissaire Javilliey, ce célèbre flic ripou du début des années 70, resurgit. Tel un signe du destin, le cinéaste et ex-flic Olivier Marchal tourne dans la région l'histoire du gang des Lyonnais. Lui et l'étoile de la PJ lyonnaise ne se quittent plus. Neyret qui fréquente le plateau de tournage laisse même entendre qu'il est le « conseiller technique » de Marchal. Mauvais présage.

Dans une discrétion totale, le dossier de l'IGS s'étoffe. Rien n'échappe aux « bœufs-carottes ». Comme ce dîner au Sofitel de Lyon au cours duquel Gilles Bénichou présente le 22 février 2011 à Neyret son cousin Stéphane Alzraa ; or, un mois plus tôt, le cousin a été entendu par la PJ lyonnaise. Neyret fait suspendre peu après par ses services l'inscription d'Alzraa au fichier des personnes recherchées (FPR). Ainsi, peu à peu et durant des mois, l'IGS accumule les preuves, empile les indices, bétonne son dossier.

Le 29 septembre 2011, Daniel Jacqueme, directeur adjoint de l'IGS, sort de l'ombre. Il interpelle Neyret et ses comparses et met celui-là en garde à vue. La PJ lyonnaise est pétrifiée. Son patron ne cache pas son désarroi : « Il était mon ami, il n'est plus mon ami, il était policier, il n'est plus policier. » L'IGS a mené une enquête chirurgicale qui ne laisse guère de place au doute. Elle a examiné, comme cela a été détaillé au procès, tous les courriels envoyés par Neyret. Épluché ses relevés bancaires et de carte bleue. Tout a été passé au crible. En cinq mois, au cours de l'année 2010, l'étoile de la PJ lyonnaise n'a retiré que 500 euros en liquide alors qu'il en dépensait par mois des centaines. Le 3 octobre 2011, le juge entend Michel Neyret. Il le met en examen pour corruption, vol, blanchiment en bande organisée puis il le place sous mandat de dépôt à la prison de la Santé.

L'IGS convoque et interpelle. Des fonctionnaires de la PJ lyonnaise sont mis en garde à vue. La BRI de Lyon est perquisitionnée et son patron, Aymeric Saudubray, effectue quatre jours de garde à vue à l'IGS. L'enquête éclabousse les douanes ; le directeur central de la DNRED (Direction nationale du renseignement et des enquêtes douanières) est entendu lui aussi à l'IGS. Un procureur adjoint sera mis en examen pour violation du secret professionnel, accès frauduleux aux fichiers, pour deux extraits de casier judiciaire.

Michel Neyret médite pendant ce temps au quartier des VIP de la Santé, alors qu'un ancien de la PJ lyonnaise crée un comité de soutien. Des policiers et des magistrats pétitionnent pour que Neyret ne soit pas maintenu en prison et réclament sa libération. Le policier a passé soixante-cinq jours en cellule.

Septembre 2015, le juge renvoie, en correctionnelle, neuf personnes dont Michel Neyret contre lequel il retient notamment les délits de corruption et de trafic d'influence. Neyret est sorti de prison en mai 2012, révoqué en septembre de la même année et mis à la retraite avec une pension presque complète. Au terme de son procès, en mai 2016, il est condamné à deux ans et demi de prison, pour corruption et trafic d'influence[1].

De la théorie des dominos

Physique massif, grand, le visage rond, les yeux brillants, Joaquim dit Jo Masanet hante lui aussi de longue date le monde policier. Il m'est arrivé dans

1. Michel Neyret sera condamné à la même peine en appel en 2018.

le passé de boire avec cet ancien CRS un verre en fin de journée dans son bureau du syndicat. Il buvait son propre tord-boyaux. C'était un homme aimable et disponible. En février 2015, Jo perd la main. Il est mis en examen pour trafic d'influence. Une histoire de fausses notes de frais établies à son profit avec la complicité d'un restaurateur de l'avenue du Trône à Paris. L'IGPN enquête depuis quelque temps et, grâce aux écoutes, ses investigations progressent. Elle n'en est qu'à ses débuts et va dévider la bobine durant des mois.

Jo est incarcéré puis remis en liberté en avril 2015. Il était jusque-là le patron de l'ANAS, l'Association nationale d'action sociale. L'année précédente, ces œuvres de la police ont perçu du ministère de l'Intérieur une subvention de 2,9 millions d'euros. L'ANAS gère un centre de santé et plusieurs centres de vacances. Elle a aussi apparemment permis à Jo de mettre un peu de beurre dans ses épinards. Une note de Tracfin, le renseignement financier de Bercy, révèle que son fils aurait lui aussi bénéficié de la manne. Des chèques de l'ANAS lui auraient servi (en 2012 et 2013) à régler une taxe d'habitation ou une redevance télé. Toujours selon Tracfin, depuis 2010, 133 chèques ont été tirés sur les comptes de l'ANAS pour plus de 95 000 euros au profit du fils de Jo, lui-même policier.

Le père et le fils se retrouvent ainsi piégés par l'IGPN pour trafic d'influence et abus de confiance. Les autres mis en examen par les juges Roger Le Loire et Charlotte Bilger appartiennent au bureau de l'ANAS. Poursuivis pour complicité ils auraient couvert l'ex-secrétaire général de l'UNSA Police. Ce n'est pas la première fois que le fonctionnement de l'ANAS questionne. Déjà, en octobre 1980, certains ergotaient sur ses prêts d'argent, ses camps de vacances, ses aides au logement, sur cette sorte de comité d'entreprise accessible aux syndiqués ayant payé leurs cotisations directement prélevées sur la feuille de paie. Deux syndicats et eux seuls étaient alors reconnus par l'ANAS : la CGT-Police et la FASP qui en 1980 réunissait 70 % de la tenue, soit 50 000 gardiens et CRS. Un des anciens dirigeants de la FASP, Jean Chaunac, avait fait l'objet d'enquêtes serrées des RG et avait été débarqué lors d'un congrès. On lui reprochait ses attaches avec le PCF. Peu après, Georges Marchais le propulse à la direction de la commission sécurité et police du PCF. L'influence de la CGT s'exerçait aussi à la Mutuelle générale de la police et au sein du Syndicat indépendant des personnels administratifs.

Telle une poupée russe, l'affaire Masanet mène les enquêteurs sur de nouvelles pistes. Les juges et l'IGPN s'attachent ainsi aux basques de quelques personnalités parmi lesquelles Christophe Rocancourt, le détrousseur de gogos à qui Canal+ a consacré une longue et coûteuse enquête, ou à son ami Christian Prouteau, l'ex-patron de la cellule « Élysée » et du GIGN. À 70 ans passés, l'homme n'a pas raccroché les gants. Il fréquente l'association de réinsertion qu'ont fondée en 2010 Rocancourt et un de ses amis, Karim Maloum, un ex-taulard. L'IGPN soupçonne ces deux-là de trafic d'influence. Moyennant finance, ils s'engageraient à fournir des titres de séjour à des personnes soucieuses d'être régularisées. Cette affaire sera bientôt à l'origine du limogeage de Bernard Petit, le patron de la PJ parisienne, à qui on reproche d'avoir communiqué des informations confidentielles à Christian Prouteau. Ce dernier voulait savoir pour quelles raisons la BRIF (brigade de répression des infractions financières) souhaitait l'entendre. C'est ce que la justice prétend mais l'affaire n'a toujours pas été audiencée et donc jugée. Pour Petit, la série noire continue. En effet, son passage au 36 a déjà été bien mouvementé. Des affaires de corruption, de viol et de flics ripoux ont sous son commandement ébranlé le célèbre quai des Orfèvres.

Le 36 braqué de l'intérieur

Dans la nuit du 24 au 25 juillet 2014, un policier de la BSP pioche dans les scellés pourtant abrités dans une chambre forte verrouillée et emporte 52 kilos de cocaïne subtilisés dans les saisies de drogues de son service.

L'audacieux ripou s'appelle Jonathan Guyot. Il détenait le code d'accès secret au coffre renfermant les armes de la BSP et les pains de cocaïne. Il sera interpellé à Perpignan le 2 août 2014 avec 16 020 euros dans un sac. La PJ récupère chez lui 33 000 euros et 200 000 autres qu'il a entreposés chez des amis d'enfance dont un est gardien de la paix. La plus grosse partie du butin a été immergée dans le lac de Créteil. Guyot était aussi en affaire avec un trafiquant de drogue, son « tonton » ou indic, qui lui reversait 25 % de ses gains. Apparemment, il dupait sans difficulté son monde, son chef de groupe le qualifiant de « référence ». Un autre collègue, moins élogieux celui-là, dira qu'il « tapait régulièrement dans les perquises[1] ». L'IGPN n'aura aucun mal à démonter le business de Jonathan. Alors que le procureur de Paris saisit l'Inspection, le préfet de police, Bernard Boucault, plutôt à cheval sur les principes, réclame aussitôt la dissolution de la brigade des stups. Il reviendra sur cette brusque impulsion. Déjà lors de l'affaire Durn, alors qu'il était le directeur de cabinet de Daniel Vaillant Place Beauvau, il avait exigé la tête de Frédéric Péchenard, le patron de la Crim'. Plutôt père la morale, Boucault ne plaisante pas. Pendant quelques heures, les deux commissaires qui dirigent les stups à la PJ de la préfecture ont tremblé. Mais Place Beauvau, on choisit la détente et la modération. Boucault rengaine sa menace. Mais il réagit avec la même impatience lors de l'affaire de la jeune « Canadienne », cette touriste qui affirme que trois flics de la BRI l'ont violée (dans la nuit du 22 au 23 avril 2014) dans les locaux du 36. Boucault voulait virer le patron de la BRI et son adjoint.

Quant à Guyot par qui le scandale arrive, il pensait qu'il pouvait tout se permettre. Déjà il avait été suspecté de se servir dans les saisies. Il aurait aussi étouffé des billets par-ci par-là, les dealers se plaignaient, si bien que la BSP avait décidé d'aborder son cas. Elle laverait le linge sale en famille. Mais à l'évidence elle n'a rien lavé ! Lorsque l'IGPN enquête

1. *Le Monde,* 2 avril 2015.

sur le vol de cocaïne au 36, nul n'évoque devant elle ces précédents. Craignait-on des aveux embarrassants comme ceux que Jonathan laisse filtrer sur un PV dans lequel il prétend que d'autres flics de la BSP piochaient dans les scellés de cocaïne ? Avec ces trafics, Guyot menait la vie large et disposait d'un coquet patrimoine immobilier que l'enquête de l'IGPN a mis en évidence.

Mais le crime ne paie pas et, le 17 mars 2017, la justice le condamne à dix ans de prison ; Guyot s'en tient là et ne fait pas appel.

La chute d'un chef de la PJ

Les nuages s'assombrissent pour Bernard Petit dont l'avenir paraît désormais plus qu'incertain. À son tour, il campe au cœur d'une affaire. L'IGPN resserre son étau autour de lui. Le patron de la PJ ne doit s'attendre de sa part à aucune faveur, il le sait. Aussi il s'inquiète lorsque sa secrétaire le prévient que l'IGPN et deux juges, Roger Le Loire et Charlotte Bilger, les mêmes qui ont mis en examen Jo Masanet et son fils, vont d'un instant à l'autre forcer la porte de son bureau : « Ils sont là pour vous », dit-elle.

Celui qui jusque-là s'enfermait trois fois par semaine dans le bureau du préfet de police (on appelle cela la « réunion du rapport ») a l'estomac qui se serre quand il voit surgir dans son bureau un contrôleur général de l'IGPN et les deux juges. Ils sont là pour perquisitionner dans le cadre d'une enquête pour violation du secret de l'instruction. Ils passent le bureau d'angle avec vue sur la Seine du directeur de la PJ au peigne fin. Dehors, les caméras de BFM TV et la presse campent devant le 36. Les ennemis de Petit se sont empressés de faire fuiter la nouvelle. Roger Le Loire se veut rassurant. Ancien flic et longtemps juge antiterroriste devenu philosophe avec l'âge, il en a vu d'autres. À Petit au bord de l'effondrement et un peu pâle, il dit : « Ce n'est qu'une affaire de correctionnelle. » Soit, mais la carrière de Petit est en jeu.

L'IGPN emporte un carnet qui sert de pense-bête à Petit auquel il manque quelques pages, ce qui n'échappe pas à la juge Bilger de plus en plus soupçonneuse. Les flics de l'IGPN récupèrent également un document sur Christophe Rocancourt, « l'ami des stars ». Un article de presse qu'a fourni à Petit son chef d'état-major. Enfin est saisi un document de sept pages manuscrites (un mémo) sur Prouteau qui fait le point sur l'affaire dans laquelle est impliqué l'ancien chef des gendarmes de l'Élysée. Cette note a été écrite la veille suite à un échange de SMS entre Petit et la cheffe de l'IGPN, Marie-France Monéger. La veille, le patron de la PJ parisienne avait reçu un appel de l'IGPN et pris contact avec les « bœufs-carottes ». Il croyait qu'il s'agissait de l'affaire du vol de cocaïne.

Petit est alors conduit à Lumière, le nom de l'immeuble moderne à la façade rouge situé non loin de la place de la Nation où se trouve le siège de l'IGPN. Sur place, Petit contacte une avocate qui habituellement plaide des affaires de flics indélicats ou de ripoux. Le voilà en garde à vue dans les locaux de l'IGPN, tout comme son chef de cabinet et un certain Philippe Lemaitre, agent administratif au ministère de l'Intérieur dont on va reparler. Petit est accusé d'avoir révélé à ce dernier l'existence d'une enquête judiciaire contre le préfet Prouteau. Pour Petit, l'épreuve se poursuit. Les interrogatoires se succèdent et il n'y était pas vraiment préparé. Il flotte, répond avec un manque certain d'à-propos. Il commet des impairs. Dans les questions des « bœufs-carottes » revient sans cesse telle une litanie le nom de Philippe Lemaitre, son accusateur, celui qui affirme que Petit lui a révélé l'existence d'une enquête judiciaire contre le préfet Christian Prouteau.

Victime de la « firme »

Dans un livre de souvenirs, Petit décrit Lemaitre comme « un homme un peu sombre », « courtois et poli », qui le visitait lorsqu'il était en poste à Nanterre. Il travaillait Place Beauvau pour les œuvres sociales de la police que dirige Jo Masanet. Bien qu'il le connaisse depuis une vingtaine d'années sans le connaître vraiment, Petit découvre l'autre face du personnage dans la presse, un type insaisissable qui collectionnerait les grands vins. Petit l'a croisé la première fois sur un trottoir non loin de la place Beauvau.

Après une nuit en garde à vue, Petit est transféré au palais de justice où il patiente en cellule. Les juges le mettent en examen et le placent sous contrôle judiciaire. « Je suis mort », écrira-t-il. Il va devoir rendre sa carte de police. Lâché et écarté de son poste, il est poussé vers la sortie puis peu après réhabilité avant qu'il ne décide de lui-même de quitter la police. Rassurons-nous : un policier de son rang ne reste jamais longtemps sans trouver un point de chute confortable.

Il se dit – on va voir quels sont ses arguments – victime d'un règlement de comptes qu'il impute à la « firme » qui regrouperait ce que certains appellent les flics sarkozystes.

Dans cette firme, Petit ne compte guère en effet d'amis. Il a même été perçu comme un intrus au 36, car il n'est pas de la PP. Or dans ces murs de l'île de la Cité, le poids des traditions pèse. Non seulement il n'est pas du sérail, mais on l'accuse aussi d'avoir intrigué pour prendre la place de Christian Flaesch, un membre de la firme, lui, et qui tombe lui aussi pour avoir fourni des conseils inappropriés au ministre Brice Hortefeux mis en examen et à la veille d'être entendu. Pire encore. Présenté comme un « flic de gauche », Petit aurait secrètement animé une cellule anti-Sarkozy. Aussi sa chute en ravit plus d'un. De là à imaginer que cette histoire n'est qu'une manipulation, il n'y a qu'un pas. Petit le franchit. Il croit même qu'il a été piégé par Lemaitre et affirme que, dès son arrivée au 36, il a été placé « sous surveillance » et qu'« on a fouillé » dans son patrimoine.

Lemaitre l'avait prévenu. Un jour, il lui dit : « Tu es dans une mauvaise passe. Ils sont mécontents et enquêtent sur ton patrimoine. » Bien qu'aucune preuve ne soit avancée par son interlocuteur, Petit prend au sérieux sa mise en garde, d'autant que Lemaitre évolue dans l'entourage de Frédéric Péchenard, un homme puissant dans la police depuis que son ami Nicolas Sarkozy en a fait le DGPN, avant que Valérie Pécresse ne le prenne comme adjoint à la région Île-de-France. Lemaitre est proche de l'inamovible secrétaire de Péchenard, Laurence B., qui a suivi d'ailleurs son patron aux LR. Lemaitre est un « sans-grade » mais un homme influent. Il a été de tous les cabinets des ministres de l'Intérieur de droite. On a même, paraît-il, envisagé de le placer auprès de Cécilia Sarkozy.

L'affaire dite des fuites du 36 aura fait des vagues et des victimes collatérales parmi lesquelles Éric Draillard, le numéro deux de l'IGPN-Île de France. D'une ligne écoutée par l'IGPN, il avait appelé Jo Masanet et critiqué le zèle de la patronne de l'IGPN, un « manque de loyauté » qu'il va payer. Le préfet Bernard Boucault lui aussi est éclaboussé. Le 31 décembre 2014, une écoute un peu crue entre lui et Masanet le met dans l'embarras. Masanet le sollicite pour qu'il libère une voiture mise à la fourrière. Il lui dit : « Je compte sur toi, mon frère, hein ? » La voiture appartient à un policier par ailleurs créancier de Masanet. Il prête de l'argent à l'ancien patron des CRS paraît-il accro au PMU.

À l'heure où j'écris, ces affaires n'ont pas été jugées. Jo et les autres sont donc innocents jusqu'à preuve du contraire. Cette mise en garde n'est pas que formelle. Il ne faut pas juger trop vite. Ou se laisser abuser par les apparences. Il existe un précédent qui a fait date. L'affaire Jobic. Elle remonte à la fin des années 80. À l'époque, les services d'Inspection ont dû composer, faire preuve de doigté et de diplomatie mais aussi être prudents. Dans cette affaire, l'IGS et l'IGPN ont joué les équilibristes. Elles apparaissent de façon furtive à certains moments de l'enquête mais elles ne font pas de zèle.

Ce ripou qui n'en était pas un

Yves Jobic, 30 ans, docteur en droit, élève doué et commissaire précoce (il le devient à 23 ans), s'est spécialisé dans le trafic de drogue et le proxénétisme nord-africain de Paris. On le dit malin et psychologue. Ce jeune célibataire qui ne compte pas ses heures de travail se coule avec aisance dans le milieu des voyous qu'il fréquente par obligation. Son chef, Philippe Vénère, le cite volontiers en exemple. Il manipulerait, dit-on, ses indics avec habileté. Il déjeune avec eux et connaît leur famille. Peut-être ne garde-t-il pas assez ses distances ?

Le 8 décembre1986, le service départemental de police judiciaire des Hauts-de-Seine, le SDPJ 92, interpelle Jean-Pierre M. en possession de 30 grammes de shit. Le lendemain, le chef du groupe stups reçoit un appel de Jobic qui plaide pour l'interpellé et sa famille qui, dit-il, ont rendu d'appréciables services. Pourrait-on lui faire une fleur ? Peu après, on découvre dans le coffre que possède M. à sa banque 60 000 francs et des bijoux probablement volés. Les collègues du SDPJ se montrent dès lors réticents et peu enclins à faire une fleur. Ce M. ne semble pas être un petit poisson. Il est écroué malgré les démarches insistantes de Jobic qui ont alarmé le juge Hayat qui instruit le dossier. Voilà par petites touches comment l'affaire va prendre corps.

Cette véhémence avec laquelle Jobic tente de faire libérer son indic intrigue le magistrat. Celui-ci se renseigne et apprend que la juge Marie-Paule Moracchini, magistrate spécialisée dans les flics ripoux à qui on a rapporté qu'Yves Jobic aurait fait « chanter » des travestis brésiliens en situation irrégulière, a réclamé une enquête à l'IGS. Voilà de quoi attiser la suspicion qui grandit encore quand, en mai 1987, Yves Jobic fait sortir son indic de prison le temps d'une journée grâce à un permis d'extraction du juge parisien Humetz. Hayat l'apprend, interloqué et surtout agacé. Il se rend aussitôt au 36 où il rencontre Olivier Foll, le sous-directeur de la PJ. Il a hâte de comprendre. Pourquoi Jobic agit-il de cette façon ? Foll l'ignore et sincèrement, semble-t-il. Ayant mis Boured, le frère de M., sur écoute, Hayat intercepte peu après un entretien que ce dernier a avec Jobic qui lui rapporte la visite d'Hayat au 36 : « Il [le juge] est complètement à côté de ses pompes, ce mec-là », dit Jobic dont les propos enregistrés ne plaisent évidemment pas au juge. Dès lors ce dernier ne lâche plus le policier. Il se concentre sur ce flic un peu trop proche à ses yeux de ses indics.

Et quatre mois plus tard, le 28 novembre 1987, la section de recherche de Versailles qui enquête pour le juge sur les frères M. interpelle Yves Jobic qui se retrouve en garde à vue à la caserne Paris-Minimes, en jean, veste et cravate. Du jamais-vu. Jobic a droit au grand jeu. Perquisitions de son domicile (on saisit sa comptabilité bancaire), mais aussi de son bureau (en présence de policiers de l'IGS qu'Hayat a cosaisis juste pour cette visite). Dans un tiroir on découvre des doses d'héroïne et du haschich et un dossier rose portant sur la page de garde la mention « Affaire contre Hayat ». Sont aussi saisis un carnet d'adresses et un agenda. Le juge perquisitionne également la maison qu'habite la mère de Jobic en Bretagne, à Saint-Brieuc. Il a en effet trouvé sur M. un bout de papier avec son numéro de téléphone. Le juge suit la piste des éléments collectés. À ce stade, qui penserait que le commissaire n'a rien à se reprocher ? Accusé d'avoir taxé des prostituées de la rue de Budapest, près de la gare Saint-Lazare, il est inculpé.

L'enquête se poursuit sur les chapeaux de roues. Avec l'IGS, le juge Hayat organise une descente rue de Budapest où travaillent les prostituées que Jobic racketterait. Une certaine Zouzou, principal témoin à charge, affirme que le policier a touché plusieurs fois de l'argent d'elle. Il faudra le prouver mais en attendant la prostituée est crue sur parole. Hayat fait de cette descente un compte rendu détaillé. Il a questionné les prostituées alors que l'IGS immortalise la rue qu'elle photographie avec ses « travailleuses du sexe » et leurs studios. Puis l'affaire s'enrichit d'un autre témoignage. Le soupçon fait tache d'huile. Hayat reçoit la lettre d'un proxénète incarcéré qui prétend lui aussi que Jobic a « touché » d'une de ses filles, une certaine Nadia. Il transmet à son collègue René Humetz (ex-flic devenu magistrat), qui instruit le dossier du proxénète, la lettre que ce dernier lui a adressée. Alors que le parquet demande à l'IGS de vérifier les dires de Nadia, le juge se tourne vers l'IGPN. Il se méfie de l'IGS, la « police des polices » parisienne qu'il craint prisonnière de solidarités claniques. La mission consistera à surveiller les faits et gestes de Nadia réfugiée en province. Les chefs de l'IGPN la confient à deux chauffeurs du service central automobile du ministère que l'Inspection utilise à l'occasion pour certaines enquêtes. Les deux hommes se montrent maladroits et se font repérer par les gendarmes du coin. L'IGPN n'insistera pas. Elle décide désormais de se tenir à l'écart de l'affaire ou plutôt des affaires Jobic. Il n'y a que des coups à prendre. D'autant qu'aucune des enquêtes menées sur le policier ne semble déboucher ; aucune n'établit ni n'établira d'ailleurs sa culpabilité. Jobic explique alors qu'à travers lui « c'est la PJ qu'on cherche à discréditer[1] ».

L'inculpation de Jobic, son incarcération – deux semaines en détention préventive –, les perquisitions, la descente rue de Budapest et le rôle attribué dans l'enquête aux gendarmes devenus de sérieux concurrents des flics de la PJ ont mis en ébullition la police parisienne qui dénonce une manœuvre. Elle soutient mordicus un des siens qui ne lâche pas ses indics, et fait passer ce message : Jobic n'est pas un ripou ou un proxénète ni un maître chanteur. Évoquant les efforts du commissaire pour tirer d'affaire son indic, le futur président du TGI de Paris, Jean-Michel Hayat, avait eu à l'époque cette formule excessive mais peut-

1. *Le Figaro Magazine*, 5 mars 1988.

être sensée : « Lorsqu'un informateur tombe, il faut le lâcher comme un Kleenex usagé. » L'eût-il fait, y aurait-il eu une affaire Jobic ? Le 28 avril 1989, le tribunal de Nanterre relaxe le commissaire qui sort blanchi de cette histoire[1]. Il ne faut donc pas se fier aux apparences.

J'ai plongé dans une autre histoire sans parti pris, m'efforçant de démarier le vrai du faux, le faux du vraisemblable. Celle que j'ai découverte n'est pas tout à fait celle qu'on m'avait racontée.

1. La justice indemnisera Yves Jobic. Elle lui verse 150 000 francs pour « incarcération abusive ». La carrière du policier marque une pause avant qu'il ne soit nommé en mars 1996 à la tête de la BRI – l'antigang – dont il est écarté en octobre 2001. Il devient conseiller technique auprès du DGPN avant d'atterrir à l'IGPN.

11

La fuite

Voici comment un gendarme raconte ce qui a été le début de l'histoire :

Arrivés à quelques mètres du bar Le Paddock, on voit deux individus africains, l'un à vélo et l'autre assis sur un plot à béton [...] une à deux secondes après l'individu à vélo s'enfuit... le chef de patrouille crie : « Monsieur, restez là, c'est un contrôle judiciaire »...

Deux gendarmes s'élancent à la poursuite de l'homme à vélo. Le menottage de Bagui Traore s'effectue « dans le calme »... il s'est laissé faire... il ne s'est pas rebellé[1].

Adama Traoré s'enfuit à vélo. Il pédale comme un dératé puis se débarrasse du vélo avant de continuer à pied. Il s'esquive par le centre-ville de Beaumont-sur-Oise. Une partie de sa fuite est filmée en discontinu par les caméras de surveillance. Rattrapé, il bouscule un gendarme, essaye de lui échapper avec l'aide d'un ami mais il est finalement maîtrisé. Menotté dans le dos, Adama décline son identité. On découvre alors qu'il est le demi-frère de Bagui

1. Audition du gendarme L. M., le 20 juillet 2016.

Traoré. Dans le parc voisin, il est fouillé avant d'être reconduit à l'endroit où, avec son demi-frère, il a été contrôlé. Mais en chemin il s'arrête pour reprendre son souffle et profite de cet instant pour s'enfuir de nouveau. Débute une course-poursuite dans les rues de Beaumont-sur-Oise. Tandis que les gendarmes qui ont interpellé Bagui se rendent chez ce dernier pour perquisitionner son appartement, où ils découvrent la carte bancaire de la plaignante, d'autres – ceux-là en tenue – ont été appelés en renfort. À 17 h 15, leur radio de bord les a informés qu'un homme menotté avait pris la fuite. À bord de leur Ford Focus sérigraphiée numérotée 554, ils foncent vers le centre-ville de Beaumont-sur-Oise où Adama a été aperçu. Ce dernier n'échappera pas longtemps à ses poursuivants. Dans une rue, un homme flanqué de son jeune fils surgit, les bras en l'air qu'il agite en direction des gendarmes. Adama vient de se réfugier dans son appartement situé en rez-de-chaussée. C'est dans ce lieu que se déroulera son interpellation : 1, rue de la République, à Beaumont-sur-Oise[1].

Jusque-là les faits ne sont guère discutés et la vidéosurveillance les confirme en grande partie. On peut juste se demander pourquoi Bagui se laisse appréhender et pourquoi Adama prend la fuite.

1. Audition du gendarme M. U. du 19 juillet 2016.

L'interpellation

Voici le récit que les gendarmes font de l'interpellation d'Adama, qui s'effectue quasiment sans témoins autres qu'eux. Ici l'affaire prend un tour plus indécis et polémique. Je m'en tiens aux témoignages car ce n'est pas mon rôle de spéculer, n'étant dans cette histoire qu'un observateur. Ce qui suit, je l'emprunte à divers procès-verbaux.

Les gendarmes entrent dans l'appartement sans dégainer leurs armes. La pièce baigne dans la pénombre. Les stores sont baissés sans doute en raison de la forte chaleur qui règne ce jour-là. Tout de suite une silhouette étendue se dessine sur le sol[1]. Torse nu, Adama Traore, en partie recroquevillé, apparaît immobile. Il porte un bermuda à carreaux bleus et blancs. Près de lui une chemisette dans le même ton bleu qu'on lui rendra plus tard dans la voiture, en route pour la brigade de Persan. Selon un PV, Adama s'est *enroulé au sol dans un drap ou une couverture.* « Ne bougez pas, restez au sol ! » lui ordonne-t-on. Lors des auditions, les militaires insistent sur le fait qu'ils ne voient pas ses mains, ce qui, semble-t-il, les préoccupe. Adama a les bras sous le corps. Il est comme « contracté », ce qui empêche les gendarmes d'avoir une « visibilité sur ses mains ». Quand ils attrapent le bras droit d'Adama, d'un geste réflexe ce dernier se débat. Il gesticule et tente de maintenir

1. Audition de M. U., *op. cit.*

son bras sous lui. Sa résistance est de courte durée et il est finalement immobilisé.

Longuement interrogés par leurs collègues de la SR (section de recherche) de Versailles, les gendarmes relatent les mouvements et les gestes auxquels ils ont eu recours pour menotter Adama. Je cite.

Un gendarme : *J'ai un genou au sol et une jambe pliée jusqu'à arriver à tirer son bras en dehors de son corps et voir sa main [...]. Une fois que c'est fait j'applique un contrôle dorsal costal le temps du passage des menottes.* Ajoutant : *Je maintiens son bras droit entre mes deux genoux afin de procéder au menottage.* Un autre gendarme explique qu'il a fait *une clé de jambe pour immobiliser les membres inférieurs du fugitif qui se débat.*

Finalement, Adama est maîtrisé. L'un des gendarmes aura une formule malheureuse qu'il regrettera : *Il a pris le poids de notre corps à tous les trois au moment de l'interpellation*, précisant que lui-même *réalise une bascule pour le latéraliser.* Il ajoute : *C'est alors qu'il se plaint d'avoir du mal à respirer*[1]. Le gendarme rectifiera plus tard : *Je me suis mal exprimé, moi j'immobilisais la jambe gauche et contrôlais sa jambe droite avec le pied et j'étais sur ses jambes [...] mes deux autres collègues contrôlaient chacun un bras. En aucun cas il y a eu une grosse pression sur la personne.* Autant de phrases transcrites scrupuleusement par les gendarmes de la SR de Versailles.

En ramenant les mains d'Adama dans son dos, les militaires découvrent la paire de menottes qui pend à son poignet droit. *Nous lui plaçons*, disent-ils, *de nouveaux objets de sûreté [...].* Le gendarme U. précisera

1. PV du gendarme U., 19 juillet 2016 à 23 heures.

plus tard : *Les menottes n'étaient pas serrées,* indiquant qu'il avait délibérément *laissé le passage d'un doigt pour qu'il puisse bouger un peu.*

Menotté, Adama est de nouveau fouillé puis il se relève. L'un des gendarmes assure qu'à cet instant il respire normalement et qu'il a rejoint sans aide bien que « difficilement » la voiture. *On lui a ouvert la portière,* dit un gendarme qui ajoute qu'Adama *s'est installé à la place arrière passager. Il était calme [ne disant] pas un mot plus haut que l'autre.*

Les gendarmes et leur prisonnier prennent alors la direction de la brigade de Persan. Le trajet dure trois ou quatre minutes le temps de parcourir le kilomètre qui sépare le lieu de l'interpellation de la brigade. Le chauffeur branche la sirène et allume le gyrophare[1]. *Il* [Adama] *est conscient et visiblement toujours essoufflé […]. Rien ne permet de laisser présumer qu'il y a un souci particulier.* Pourtant il ne va pas bien. Le menottage a-t-il été excessivement violent ? Je l'ignore et la justice ne le pense pas. En revanche, la famille Traore le croit et ses soutiens en sont persuadés. Que se passe-t-il ensuite ?

Adama à la brigade de Persan

Devant la grille de la brigade de Persan, Adama fait-il un malaise ? Il peine, semble-t-il, à garder la tête droite. *Je croyais qu'il s'assoupissait mais cela me paraissait étrange donc je le signale au chef,* dit un gen-

1. PV d'audition du gendarme A. G. du 20 juillet 2016.

darme. La grille s'ouvre et le véhicule pénètre dans la cour. Quand il sort du véhicule, Adama laisse sur le siège où il était assis une trace et une forte odeur d'urine. Un gendarme observe qu'à cet instant il *a l'air « mou »* et *n'est pas ferme sur ses appuis.*

Adama est alors [je cite] *doucement* étendu au sol. Dans la cour de la brigade il est allongé sur le dos, les yeux fermés. Le gendarme X tapote ses joues. Adama n'a aucune réaction. *Je constate que son corps est chaud,* dit X qui installe le jeune Traore en PLS (position latérale de sécurité) avant d'appeler les pompiers. Adama est toujours menotté, en bermuda et chaussé de baskets. *Je pense,* dit X, *qu'il simule un malaise.* Un peu plus tard, X guide les pompiers jusqu'au jeune étendu au sol. Il a constaté, dit-il, un frémissement des paupières : *On voyait le blanc des yeux sur quelques millimètres.* Il ajoute : *Il fait super chaud ce jour-là avec un très beau soleil.*

Dans la cour, répète-t-il, Adama est en PLS et couché à l'ombre, un point âprement discuté.

Les sapeurs-pompiers témoignent

Les sapeurs-pompiers arrivent à la brigade à 17 h 50. Le message qu'ils ont reçu, presque laconique, parle d'une « personne inconsciente ». Ils stationnent un instant devant le portail fermé de la brigade avant d'entrer. Le gendarme qui les accueille prétend que la victime « simule » et précise qu'il s'agit de *quelqu'un de très violent.*

Un gendarme raconte dans un procès-verbal que les interpellations d'Adama n'ont jamais été des parties de plaisir. Une fois, dit-il, (c'était le 9 octobre 2015) il a tenté de s'enfuir en sautant d'un balcon du premier étage d'un immeuble. Près de huit gendarmes ont été nécessaires pour le menotter[1].

Les sapeurs-pompiers enregistrent la mise en garde. Mais ils privilégieront la victime, sa santé prime avant toute autre considération. Ils se rendent compte d'ailleurs rapidement qu'Adama ne simule pas. Dès lors, leurs appréciations de la situation vont diverger.

Le chef du petit groupe de sapeurs-pompiers déclare : *Personne ne s'en occupe* [d'Adama] précisant qu'il *se trouve sur le ventre face contre terre* et qu'avec l'aide d'un gendarme du PSIG il a mis la victime en PLS. « Position latérale de sécurité » essentielle si on ne veut pas compromettre les chances de survie d'une personne ayant fait un malaise et qui se trouve inconsciente. Laissée sur le dos, elle risque d'obstruer ses voies respiratoires en vomissant ou en avalant sa langue. Voilà pourquoi le fait qu'Adama ait été mis ou non en PLS revêt tant d'importance.

Au début de l'affaire, j'avais entendu ce témoignage martelé. Il était choquant car il laissait entendre que le sort d'Adama n'avait guère préoccupé les gendarmes. Je découvre dans le dossier judiciaire qu'il ne

1. Les archives judiciaires concernant Adama Traore recensent sept plaintes pour vols, violences, chèques volés, violences aggravées. Un rapport le décrit comme « insultant et virulent ». Lui se plaint d'avoir lors d'une garde à vue été maltraité par les gendarmes qui auraient utilisé sur lui une gazeuse alors qu'il se trouvait en cellule. Rapport du 30 septembre 2016, PV d'investigation.

fait pas, et de loin, l'unanimité. Chez les gendarmes bien sûr mais surtout parmi les sapeurs-pompiers.

Auditionnée le 18 décembre 2017, un autre pompier, Ludivine (qui a fait son service civique chez les pompiers de Paris), membre désormais des « SP » (sapeurs-pompiers) de Persan, a des événements un souvenir différent. Une fois dans la cour de la *brigade on voit*, dit-elle, *le corps d'Adama Traore par terre. Il était menotté mais sur le côté en position PLS. Mais comme il était menotté on ne pouvait pas faire la vraie PLS avec la main sur la joue par exemple.* Elle est toutefois catégorique : *Je l'ai vu en position latérale... il n'était pas face contre terre.* Elle insiste : *J'ai aperçu Adama Traore dans cette position [...] quand on est passés avec le véhicule à proximité des bâtiments, il y avait Adama Traore en PLS avec des gendarmes autour.* Elle diverge également avec son chef sur un autre point. *Il* [Adama] *avait une saturation basse dans les 40 %, une ventilation difficile à percevoir et il me semble qu'il avait un pouls,* dit-elle alors que son chef affirme qu'il n'en avait pas. *Sur notre appareil il y avait un pouls qui marquait,* dit Ludivine qui, interrogée sur ses divergences avec son chef, répond : *Chacun déclare ce qu'il a vu.*

S'agit-il de deux souvenirs en concurrence qui se contrediraient comme cela arrive ? Les témoignages humains sont parfois capricieux. Celui de Jérémy, autre sapeur-pompier – auditionné le 18 décembre 2017 –, va dans le même sens que celui de Ludivine. Et il est important car Jérémy est le premier à s'être accroupi près d'Adama afin de vérifier s'il « ventilait » et s'il avait un pouls. *Je vois la victime qui est inconsciente menottée dans le dos,* dit Jérémy. *Il* [Adama] *est allongé sur le côté droit, il n'est pas sur le ventre.*

Les sapeurs-pompiers effectuent un massage cardiaque et ventilent Adama. Au cours du massage, ce dernier a beaucoup transpiré. De l'avis général, il faisait beau et chaud ce jour-là. *C'était étouffant,* dira un sapeur-pompier. Ludivine acquiesce : *Ce jour-là il faisait très, très chaud [...] on était en pleine canicule.* On insiste beaucoup sur la chaleur qu'il fait ce jour-là car certains pensent qu'elle a pu influer sur les causes du décès. Quand l'état d'Adama s'aggrave, le SMUR intervient. Les urgentistes effectuent quinze injections d'adrénaline. En vain. Le cœur d'Adama ne repart pas. À 19 h 07, le médecin du SMUR déclare la victime décédée. Les pompiers se retirent à 19 h 30.

Une ville en ébullition

Dès lors, les gendarmes s'inquiètent. La mort d'Adama risque de provoquer des réactions en chaîne, des troubles, des désordres. Bagui Traore que l'on conduisait à la brigade après la perquisition effectuée à son domicile a aperçu son demi-frère étendu sur le sol entouré par les services de secours. Il a hurlé : « Pourquoi il est là Adama, mon frère, pourquoi il est là ? » Après la mort du jeune Traore, un gendarme aurait dit qu'il « fallait faire venir des renforts » et que ça risquait de « partir en cacahuètes ».

À 20 h 31, la menace de troubles sur la commune de Persan sc précise. Et à 22 h 35, la brigade est assiégée alors que la ville fait face à des violences urbaines d'une rare intensité.

À 0 h 53, le corps d'Adama est « exfiltré » de la brigade. Déjà, par précaution (car il s'agit d'une preuve qui ne doit pas être altérée), il a été *mis en sécurité* dès 21 h 50 *dans la première pièce arrière du bâtiment B où nous pourrons également nous protéger,* dit un rapport. Ses mains ont été placées dans des enveloppes kraft pour les protéger en vue de l'autopsie. Le corps mis sous une housse mortuaire sera plus tard acheminé à l'institut médico-légal de Garches.

Le 21 juillet, les légistes livrent un premier compte rendu. Ils mentionnent une « hyperthermie » constatée « lors de la levée du corps ». Ce détail aura plus tard son importance, le jour du décès d'Adama, on l'a dit, la canicule sévissait. Quant aux analyses, elles constatent l'absence de dérivés opiacés, d'amphétamines, de cocaïne, de méthadone, ou encore une absence de médicaments. Elles notent en revanche la présence de tétrahydrocannabinol (THC ou cannabis) : *M. Traore était dans l'emprise des effets psychotropes du cannabis au moment du décès.* Le compte rendu indique encore que *l'analyse toxicologique ne permet pas d'expliquer le décès.*

Je reviens sur cette question : pourquoi Adama s'est-il enfui lors de l'interpellation de Bagui ? Je n'ai pas trouvé dans le dossier d'explication satisfaisante. Ni même d'hypothèse jusqu'à ce que l'autopsie révèle des traces de cannabis dans le sang.

Ont été trouvés sur Adama un portable et plus tard de l'argent (1 330 euros dont 750 en billets de 50 et deux billets de 10, le reste en billets de 20 euros, somme dont l'origine reste inexpliquée et que la famille Traore s'est fait restituer) ainsi que de l'herbe. Cette découverte est mentionnée dans un PV de saisie effectué par les gendarmes dans les locaux de la brigade de Persan qui précise qu'ils ont été *informés de l'existence d'une somme d'argent*[1] *et d'un sachet d'herbe prélevés sur la victime Traore Adama au cours des opérations de réanimation.* Dans une enveloppe *une petite pochette plastique* contenait un peu d'herbe.

Je m'interroge : est-ce pour ne pas être trouvé en possession de drogue qu'Adama, il y a peu encore en prison, s'est enfui[2] ? Ou à cause de ces billets dont on ignore la provenance ?

Je croyais aussi que les circonstances de l'interpellation d'Adama n'avaient d'autres témoins que les gendarmes. Ce n'est pas tout à fait exact.

Chedil Mzoughi est également le témoin oculaire de ce qui s'est passé le jour de l'interpellation d'Adama dans son appartement où Traore s'était réfugié. L'homme, né à Tunis en juin 1982, travaillait à Persan dans une entreprise de pneumatiques. Que dit-il lors de sa première audition ?

---

1. Auditionné le 20 juillet 2016, le gendarme G. précise : *Lorsque l'individu était en PLS j'ai fouillé les poches de son short. Dans une des poches j'ai trouvé une grosse liasse de billets de banque... il y avait plus de 1 300 euros.* (Plus un trousseau de clés et un téléphone portable.)

2. Adama avait été incarcéré de septembre 2012 à juillet 2014 puis de décembre 2015 à mai 2016.

Le témoin

Le jour fatidique, celui de la mort d'Adama, Mzoughi était chez lui avec son fils, sa femme se trouvant encore à son travail. Il devait être entre 17 h 05 et 17 h 07. Son fils regardait la télévision. *J'ai entendu un gros bruit devant ma porte d'entrée [...] je le reconnais immédiatement je le vois tous les jours au PMU [...]. Il me demande de le tirer à l'intérieur de mon appartement*[1]. Mzoughi entend dehors les éclats de voix des gendarmes et en déduit que les pandores sont à la recherche d'Adama. Il sort avec son fils et leur fait signe.

Dans sa première audition, ses déclarations sur l'interpellation sont brèves. *Je n'entends pas de bruit de lutte ou de coups.* Il a entendu simplement un gendarme, dans son talkie-walkie, annoncer : « *Individu interpellé.* » Il dit encore qu'une seconde après le départ d'Adama avec les gendarmes, l'un d'eux est revenu prendre son identité et faire, avec son téléphone, une photo de sa carte d'identité. En repartant, le gendarme a noté son adresse.

Réentendu quatre ans plus tard, le 2 juillet 2020, à la demande des Traore, Mzoughi est cette fois moins laconique. Son récit est plus dense. Plus détaillé. *Adama avait les mains menottées, il était collé contre la porte dans le dos mais par terre.* Le témoin mime la scène devant les juges qui, dans leur cabinet, font photographier et enregistrer par une caméra cette panto-

1. Audition du 1er août 2016.

mime improvisée. Devant la porte, Adama supplie Mzoughi de le tirer à l'intérieur. Ce dernier accepte et le fait glisser sur le sol. Adama se retrouve allongé par terre, les mains dans le dos, dans l'appartement.

J'ai essayé de parler avec lui, il ne répondait pas, dit Mzoughi qui ajoute : *Il avait un truc blanc qui sortait de sa bouche […] c'était comme un truc qui coulait […] Il faisait un peu noir à l'intérieur […] il dit le mot « argent » […] Je ne comprends pas.* Tandis qu'Adama lui parle, Mzoughi aperçoit la voiture de gendarmerie. *Je ne peux pas te garder chez moi, il faut que tu sortes, il y a des gendarmes à côté de ma fenêtre.* Mzoughi précise : *Là je parle tout seul. Il est par terre et ne répond pas […]. Quand j'ai parlé avec lui, il a dit « Je vais mourir ». […] Là je prends un choc, je sors direct, je prends mon fils par la main et je sors du bâtiment pour que les gendarmes me voient. Je n'ai jamais appelé les gendarmes.*

« Je vais mourir » : voilà une phrase qui ne laisse pas les juges et la partie civile sans réaction. *La phrase « je vais mourir », on ne l'a pas dans le dossier jusqu'à présent,* fait-on remarquer à Mzoughi qui aussitôt réplique : *Je l'avais oublié avec le choc, là ça fait quatre ans, avec le temps, j'ai pu réfléchir.* Il ajoute : *Possible qu'avec le stress, j'aie oublié de le dire le jour de ma convocation à la gendarmerie.* Mais comment cette phrase (« Je vais mourir ») lui est-elle revenue ? *C'est quand c'est passé [*sic*] sur BFM il y a un mois.* Il se rend compte qu'il n'avait pas parlé de ça, *bien qu'il en avait le souvenir.* Puis il dit : *Je vous jure mille fois que c'est ça qu'il a dit.* Puis il ajoute : *Je me demande comment il* [Adama] *a eu la force de venir chez moi vu l'état dans lequel je l'ai vu […]. Peut-être qu'il ne pouvait* *plus continuer son chemin dans la rue [...]. Il n'était pas bien, il n'était pas bien du tout.* Certains ont déduit de ce témoignage qu'Adama était mal en point avant même d'être interpellé. D'autres que ce témoignage a été soufflé à Mzoughi qui reprend tout de suite son récit : *Au début je voulais l'aider parce qu'il n'était pas bien dans sa tête [...]. Il a la bouche ouverte pour reprendre son souffle [...]. Il n'était pas bien du tout je vous le garantis [...]. Quand je suis sorti devant le bâtiment les gendarmes ont compris.* L'un lui dit : *Est-ce que c'est ici ?* Lui répond : *Oui c'est ici [...]. J'ai fait un signe avec le bras (entre lui et le gendarme 2 mètres)... j'étais dans la rue avec mon fils à la main.*

Cinq ou six jours plus tard, un gendarme est revenu faire des constatations. Mzoughi ne sait plus quand exactement ni quand non plus il a lui-même été convoqué à la gendarmerie. C'était il y a quatre ans, dit-il. Il se rappelle avoir apporté la couette. Puis il a déménagé, les gens venaient sans cesse en curieux regarder chez lui et l'interroger. Il avait besoin de changer d'air.

Il me paraît en relisant les témoignages de Mzoughi que le temps de l'interpellation a probablement été bref et qu'Adama semblait épuisé (ou affecté par la chaleur). Mais ce ne sont là que des impressions. Ce dernier témoignage n'a pas été du goût de la partie civile. Il décrit un Adama exténué, essoufflé, sans force avant même d'être interpellé. Cela ne prouve et n'explique peut-être rien mais cela méritait d'être dit.

12

Ne pas tricher avec les faits

D'emblée, on parle de « scandale judiciaire ». Un magistrat, Yves Jannier, aurait été le *deus ex machina* d'une entreprise d'étouffement. Il officie comme procureur au tribunal de Pontoise depuis septembre 2012 après avoir effectué un séjour à la structure antiterroriste où il a succédé au juge Jean-Louis Bruguière au pool des magistrats instructeurs. Homme plutôt taciturne, replié sur lui-même, que certains ont baptisé « le discret », Jannier n'aime guère les journalistes. C'est son droit. Il n'est pas un juge médiatique. Peut-être est-ce pour cette raison qu'à l'antiterrorisme ses relations avec le juge ultra-médiatisé Marc Trevidic ont été « tendues ».

Quelques semaines après la mort d'Adama Traoré, Jannier est écarté de son poste parce qu'il aurait « couvert » les gendarmes. Cela sonne comme une confirmation : il aurait bien existé une volonté d'étouffement. La preuve, le procureur a choisi d'emblée une version plutôt qu'une autre. Partial, il se serait efforcé de protéger la gendarmerie. Quelques-uns l'accusent même, sans preuves, de « faux en écriture publique » et d'avoir modifié la « scène de crime » ; des allégations gravissimes. On lui reproche d'avoir été hâtif dans ses déclarations. Il n'y a « pas de traces de violences significatives » sur le corps de la victime, a-t-il dit, ce que l'instruction a depuis établi. À l'époque, on crie au scandale. Il aurait aussi livré à la presse des « éléments de contexte tronqués ». Il décrit une victime en mauvaise santé et toxicomane. « Il était en pleine santé », objecte la famille indignée. Le 10 août 2016, interrogé par l'Agence France-Presse (AFP), Jannier suscite encore l'émoi, cette fois en déclarant que « Traore était sous l'emprise des effets psychotropes du cannabis au moment de son décès », ce qui est vrai mais qui semble-t-il n'aurait eu aucun effet direct sur sa mort.

Marc Robert, le procureur général de Versailles, ne soutient pas son subordonné. Il est « allé un peu vite en besogne, en concluant à une mort naturelle », dit-il en écartant d'emblée l'hypothèse du « syndrome asphyxique ». Ce à quoi Jannier répond dans *Le Monde*, le 1er août 2016 : « Je ne sais pas si l'asphyxie est la cause de la mort, tout ceci est assez fragmentaire. » Il affirmera plus tard que Traore souffrait d'une « affection très grave ». Le dossier évoque bien une telle éventualité, mais pour l'heure sans conclure. Enfin Jannier aurait écarté des pièces comme le témoignage d'un sapeur-pompier volontaire qui conteste la « version officielle », suggérant même une mort « provoquée par des gestes inappropriés des forces de l'ordre ». On verra ce qu'il faut penser de ce témoignage que contredisent ceux de deux autres pompiers présents eux aussi sur les lieux.

Ce procès qu'on fait au magistrat m'intrigue. Je l'ai croisé autrefois dans un couloir du tribunal de Versailles. Je connais un peu sa carrière, le caractère qu'on lui prête, sa réputation d'homme sévère et son tempérament coléreux. Mais quand même, la barque me paraît bien chargée. M'en tenant à cette présentation d'un parquet acquis à la thèse des gendarmes au point d'entraver le cours de l'enquête, l'hypothèse d'une bavure semblait donc s'imposer. D'ailleurs, le 22 août, le procureur général saisissait la Cour de cassation pour dépayser l'affaire et Jannier était muté. Il rejoindra la cour d'appel de Paris en septembre 2016.

Yves Jannier serait tombé victime d'une défense bien menée (celle de Traore) et d'une justice soucieuse de ne pas envenimer une affaire sensible médiatiquement. Je l'ai cru jusqu'à la lecture d'un portrait à charge du magistrat publié par Mediapart. Jannier y est décrit comme un « homme brutal », « ne sachant pas gérer un collectif ». Des syndicats de magistrats avaient reçu des plaintes de ses collègues « agissant sous ses ordres ». Mediapart révélait encore qu'en avril 2016 une inspection interne et un rapport du procureur de Versailles avaient examiné le bien-fondé de ces critiques. L'« affaire Traore » survenue en juillet n'aurait fait dès lors que favoriser l'« exfiltration » jugée opportune du magistrat vers la cour d'appel de Paris, fournissant juste un prétexte à sa mise à l'écart.

En dépit des certitudes que suggéraient le traitement médiatique de cette affaire et la mutation de Jannier, je l'aborde avec circonspection. Comme l'affaire Jobic. En prenant garde. Tout paraît excessif dans ce puzzle médiatico-judicaire dont je me suis efforcé de reconstituer les pièces en évitant les pièges du parti pris. J'ai fait mien le principe de Michel Foucault, celui qu'il met en exergue de la contre-enquête qu'il a menée en 1971 sur le passage à tabac d'Alain Jaubert : *Ne pas tricher avec les faits.*

Aussi je n'ai pas enquêté sur une bavure. J'ai cherché à savoir ce qui s'était passé le 19 juillet 2016 entre 17 h 45 et 19 h 07 à la brigade de gendarmerie de Persan, ville du Val-d'Oise, dans les heures qui ont précédé et les nuits qui ont suivi. Sans préférer une thèse plutôt qu'une autre[1].

Premier constat

Les éléments que j'ai réunis ne cadrent pas vraiment avec les faits tels que les a rapportés une partie de la presse.

Il ne s'agissait pas d'un contrôle au faciès ayant mal tourné comme on aurait pu le croire. L'histoire qui se solde par la mort d'un jeune homme démarre sur fond de procédure pour extorsion et vol avec violence au préjudice de personnes sous curatelle. Je découvre alors ce qui, me semble-t-il, est passé

1. Ici, l'IGPN n'est pas concernée. Le sont en revanche son pendant de la gendarmerie, l'IGGN – l'Inspection générale de la gendarmerie nationale – et plus globalement les services d'enquête de la gendarmerie, notamment la section de recherche de Versailles.

inaperçu jusque-là : sans cette affaire d'extorsion, probablement qu'Adama ne serait pas mort et dans ces circonstances. Une histoire un peu glauque si l'on s'en tient au profil des victimes dressé par un analyste criminel dans le dossier judiciaire (PV de synthèse du 16 mars 2017, page 16) : « des personnes impressionnables, en difficulté sociale ou handicapées, ou placées sous curatelle ou encore des femmes seules ». Des gens, précise l'analyste, « contraints par la force, la menace ou la ruse ». Une des victimes a ainsi été délestée d'une carte bancaire et de plusieurs chèques, et a dû sous la contrainte acheter plus de 900 euros un iPhone dernier cri pour ceux qui la rançonnaient depuis des mois. Une plainte pour vol a été déposée le 9 juillet 2016. Les gendarmes saisis par le parquet de Pontoise recherchent ce jour-là Bagui Traore (le demi-frère d'Adama) et sa femme ainsi qu'un de ses amis, lui-même suspecté d'être impliqué dans l'affaire d'extorsion avec sa compagne. L'interpellation d'Adama n'est que le fruit du hasard, accidentelle.

Ce 19 juillet, les gendarmes doivent localiser Bagui Traore, l'interpeller ainsi que toute personne l'accompagnant et les placer en garde à vue. Bagui ne tarde pas à être repéré grâce à un renseignement qui met rapidement les gendarmes sur sa trace. Un peloton de surveillance et d'intervention de la gendarmerie (PSIG), une sorte de BAC, agissant en habits civils, se précipite aussitôt au village de Persan situé face à Beaumont-sur-Oise de l'autre côté de la rivière. Les deux agglomérations sont mitoyennes. C'est là que Bagui a été signalé. Les gendarmes l'identifient grâce à une photo. Lui et ses demi-frères, notamment Adama, sont selon la formule « connus » de la justice pour des affaires de recels, de vols, d'extorsions de fonds et de violences. Bagui se laisse alors arrêter et menotter, il ne résiste pas et ne se débat pas. Son demi-frère Adama, en revanche, prend la fuite.

La suite de l'histoire exige un éclairage neutre. J'ai donc épluché du mieux que j'ai pu le dossier, car il n'y a pas d'autre vérité (bien qu'elle soit relative) que celle de l'enquête qu'on ne peut questionner et critiquer que si on l'aborde dans sa globalité et non de façon partielle. Je me suis appuyé sur les actes d'une instruction par principe à charge et à décharge.

13

Une partie civile conquérante

Les personnages principaux sont en place. Quant à l'intrigue, elle va connaître de nombreux rebondissements. La journée du 19 juillet est ainsi un tournant. Oumou (dite Tata, mère d'Adama dont le père a eu quatre épouses) et Assa Traore, la sœur d'Adama, se rendent chez les juges. Elles ont réclamé un entretien quelques jours plus tôt. La justice ne les a pas fait attendre.

Une fois au TGI de Paris, dans le cabinet du juge, Assa va droit au but : *Où en est le dossier de mon frère ?* Elle se dit choquée par les expertises et la longue attente. Elle s'attarde sur le témoignage de Mzoughi : *Ses déclarations sont mensongères,* dit-elle. *Il connaissait très bien Adama...* Mzoughi prétend lui qu'il le connaissait comme tous les jeunes du centre-ville mais qu'il n'avait jamais mis les pieds chez lui jusqu'au jour de son interpellation. Ils n'étaient ni amis ni intimes. Ni complices. Il connaissait juste le prénom de Traore mais pas son nom de famille. Dans une première audition (le 1er août 2016), il avait indiqué qu'il croisait Adama dans le centre-ville (soit à 10 mètres de son appartement en rez-de-chaussée) de Beaumont-sur-Oise. Mais que c'était *au PMU du centre-ville ou au café Le Balto* que, le plus souvent, il le voyait. Assa insiste : *Ils ont travaillé ensemble*, dit-elle avant d'ajouter : *Vous pouvez demander à tout le monde à Beaumont. Il* [Mzoughi] *est très proche des gendarmes et il a dit des mensonges [...]. Nous on entend dire qu'il est leur indic [aux gendarmes].* Quel travail ont-ils fait ensemble ? Ce n'est pas précisé. Tout le monde savait, dit Assa, que Mzoughi était un indic des gendarmes. Si c'est bien le cas, pourquoi Adama s'est-il réfugié chez lui quand les gendarmes étaient après lui ? On ne sait pas non plus. En revanche on sent Assa impatiente : *Nous avons tous les éléments pour aller vers une mise en examen des gendarmes*, dit-elle. *Adama a reçu 250 kilos sur le dos lors du plaquage ventral.* On se rappelle les gendarmes décrivant aux enquêteurs de la SR de Versailles le « contrôle dorsal costal » et les formules maladroites. *Pourquoi*, enfin, dit-elle, *Adama n'a pas été amené à l'hôpital ?* Elle enchaîne par cette surprenante sommation : *Il faut désigner des experts assez solides pour dire le contraire de ce qu'ont dit les précédents experts et pas des experts qui feraient une fausse expertise.* Puis elle s'interroge : *Pourquoi les gendarmes ne sont pas mis en examen ?* Oumou, la mère d'Adama, de son côté ne croit pas que son fils ait été malade. *L'enquête doit être accélérée*, dit-elle. Quant à l'avocat de la famille Traore, il exige que l'IGGN soit dessaisie, le patron de la gendarmerie ayant apporté son soutien aux gendarmes de Persan.

Il dépose également plainte le 17 juillet 2020 contre Chedil Mzoughi qu'il accuse d'avoir fait un « témoignage mensonger ». Le parquet lui répond quelques semaines plus tard qu'il ne voit pas en quoi les imprécisions et les incertitudes prétendues (portant sur des détails et non sur l'essentiel du déroulé de la scène) *ne puissent être le récit objectif des circonstances, faits ou actes dont il* [Mzoughi] *a personnellement eu connaissance et être qualifiés de mensonges*[1].

À ce stade, il me paraît déjà acquis qu'Adama n'a pas été assassiné parce qu'il était noir. Cette affaire n'a rien de simple ou d'évident. Mais je n'ai pas encore fini d'en explorer tous les recoins. La lecture du dossier révèle des zones d'ombre visiblement occultées. Avançant dans mon enquête, j'ai l'impression que coexistent deux affaires Traore. Celle que relatent certains médias et celle qui émerge de la procédure. Le dossier de presse contient ainsi plusieurs articles dont il m'a fallu vérifier la teneur et qui projetaient sur Adama une ombre malsaine. Il fallait la documenter, je l'ai fait.

Le viol

Dès le début de l'affaire, les enquêteurs ont reçu la copie d'une plainte d'une dénommée Alexandra B. déposée contre Adama Traore. Elle accuse ce dernier d'avoir violé son fils Steven, codétenu avec lui à la maison d'arrêt d'Osny[2].

1. Réponse du parquet, courrier du 16 novembre 2020.

2. Le 22 mai 2016, dans un PV, elle raconte ce que son fils lui a dit un jour au parloir alors qu'il venait d'être mis à l'isolement : *Dès que je l'ai vu il s'est mis à pleurer, je lui ai demandé ce qui se passait. Il a répondu par deux fois : « Il m'a violé », je lui ai demandé qui, il m'a dit : « Mon ancien codétenu Adama Traoré. »* Document en possession de l'auteur.

Durant près de trois mois[1], il lui aurait imposé des fellations. Début avril 2016, lors d'une visite au parloir, la mère de Steven apprend que son enfant ne veut plus « sortir en promenade ». Elle en parle aux responsables de la prison, à une psychologue, à un gardien ainsi qu'au directeur. Rien ne se passe. Le 14 mai, la situation se dégrade. Son fils a le visage blanc et la tête baissée quand elle le voit au parloir. La voix chancelante, il lui explique qu'il veut changer de cellule. Il le répète plusieurs fois. « Est-ce qu'on te fait du mal ? » lui demande sa mère. Dans un filet de voix, Steven répond « oui ». Toujours sans rien préciser. Le mardi 17 mai, le secrétariat de la prison et le directeur reçoivent enfin la mère du prisonnier harcelé. On jure que dans l'après-midi son fils sera changé de place, mis dans une cellule seul ou placé à l'isolement. Le manque de place rend cette promesse caduque. Le fils changera de bâtiment avant d'être placé à l'isolement. Puis Steven s'effondre et n'a plus la force de se taire. Il affirme avoir été violé par son ex-codétenu, Adama Traore.

Le 22 mai 2016, une plainte est déposée mais en juillet Adama meurt avant d'avoir pu s'expliquer. Puis Steven saisit la justice le 6 septembre 2016 pour des faits d'agression sexuelle. Le 25 février 2017, un des frères d'Adama accompagné d'un ami le rossent avec une planche : « Je voulais juste parler avec lui pour la rumeur sur Adama », dit-il à l'audience avant d'être condamné à dix-huit mois de prison ferme.

1. Du 1er mars 2016 au 21 mai 2016.

Adama n'a pas été jugé pour viol mais la commission d'indemnisation des victimes d'infractions (CIVI) de Pontoise a attribué à Steven, le 12 mars 2020 (bien qu'Adama ait été décédé), une indemnité de 15 000 euros. Pour avoir été par la suite tabassé en guise de représailles pour avoir osé se plaindre, la justice lui accorde quelques milliers d'euros supplémentaires. Au total, il encaisse 28 793 euros.

L'affaire crée des tensions au sein du comité de soutien à Adama Traore. Les plus vives critiques émanent du PIR, le Parti des indigènes de la République qui prône la libération « décoloniale » et soutient dans l'épreuve le clan Traore[1]. Une de ses responsables, Houria Bouteldja, Algérienne de naissance, salariée depuis 2001 de l'Institut du monde arabe, prend position, ce qui suscite l'irritation et la colère dans l'entourage d'Assa. Elle pose noir sur blanc cette question qui embarrasse plus d'une conscience : « Peut-on défendre une victime de la police si elle est accusée ou coupable de viol ? » La justice ne se divise pas. Elle doit être la même pour tous, pour Adama comme pour sa victime, dit en substance l'auteure du texte.

M'immergeant davantage dans les dossiers, je fais de nouvelles découvertes. Notamment sur le petit monde qui gravite autour des Traore.

1. Le PIR se fonde en tant que tel lors d'un congrès qui se tient en 2010 sous les auspices de la figure de Malcolm X. Il prône « l'autonomie politique des peuples opprimés » et la « lutte contre la suprématie blanche ».

D'Adama à Bagui Traore

La mort d'Adama a provoqué des émeutes trois nuits de suite. Elles se déroulent, du 19 au 23 juillet 2016, aux abords de la gendarmerie de Persan et dans le quartier de Boyenval de Beaumont-sur-Oise, là où vivait Adama et où réside la famille Traore.

Tandis que la ville s'embrase, les forces de l'ordre bombardées de cocktails Molotov et de cailloux lancés des toits essuient trois nuits de suite des tirs d'armes à feu. Les affrontements sont si violents et acharnés qu'au premier jour des émeutes les forces spéciales du GIGN sont engagées au petit matin dans le quartier de Boyenval. Les rapports d'intervention des forces de police et de gendarmerie soulignent cette extrême violence. Les émeutiers étaient pour certains équipés d'« armes longues », fusils ou carabines, de petits et gros calibres. L'un des émeutiers a fait feu sur l'hélicoptère qui filmait les scènes de violence et ceux qui s'organisaient pour le combat de rue. Des impacts de balles ont été retrouvés sur des voitures et des façades d'immeuble et de nombreux gendarmes et policiers ont été blessés.

Le 4 septembre 2016, après avoir exploité la collecte des indices ramassés sur le terrain, étudié les archives et analysé les vidéos, se déroule la première vague d'interpellations. Plutôt ciblée. La SR de Versailles ne « tape » pas au hasard.

Les écoutes et les auditions qui s'ensuivent durant des semaines jettent une lumière crue sur un curieux microcosme.

Dès les premières auditions, le nom de Bagui Traore est cité. Le demi-frère d'Adama. D'origine malienne et né à Drancy dans une famille polygame, cet orphelin de père a vu sa scolarité abrégée. Il quitte l'école à l'âge de 12 ans et part pour le Mali où il réside vingt-quatre mois dans la famille avant de revenir en France en 2005 où il aura en 2012 un fils qu'il confie à sa sœur Assa Traore. Depuis, son casier judiciaire a pris de l'ampleur. Au 17 août 2018, il comptait seize mentions. Bagui est ce qu'on appelle un récidiviste. Tout comme les trois autres personnes recherchées pour l'affaire d'extorsion de fonds dont Adama a été en quelque sorte la victime collatérale.

Je suis de plus en plus surpris de la façon dont cette histoire a été présentée. Certes, ses protagonistes n'y apparaissent pas grandis, il est vrai, et encore ne me suis-je intéressé qu'à quelques-uns. On ment beaucoup et on se balance volontiers. On est peu scrupuleux et peu charitable. Un proche de Bagui Traore affirme que ce dernier aurait tiré *un ou deux coups de feu sur les forces de l'ordre avant de confier le fusil* (dont il s'est servi) *à Cédric T.* (un proche de Bagui mêlé à l'affaire d'extorsion) *pour qu'il le cache.* Le 11 novembre 2016, la compagne de Cédric le met en contact téléphonique avec Bagui Traore. Selon le compte rendu d'écoute, Bagui aurait rappelé *à Cédric qu'il devait garder sa bouche fermée* [*sic*]. La compagne de ce dernier prétend de son côté que Sarah B. (la compagne de Bagui) les avait entraînés dans ces extorsions de fonds qui auraient ensuite « obligé »

Cédric à participer aux émeutes[1]. Cette fameuse affaire de racket à l'origine de l'affaire Adama, jugée au tribunal de Pontoise le 25 avril 2018[2]. Les uns et les autres règlent ainsi leurs comptes sur PV.

Le 2 mai 2017, Cédric désignait lors de son troisième interrogatoire Bagui Traore comme l'organisateur et le donneur d'ordres lors des émeutes de Persan et de Boyenval. Il précisait son propre rôle. Cédric préparait des sacs de cailloux et de parpaings, d'autres remplissaient les cocktails et montaient les caillasses sur les toits. Cédric prétend aussi que Bagui a tiré à deux reprises sur les gendarmes[3]. Interpellé et écroué à la maison d'arrêt d'Osny, ce dernier est interrogé par la SR de Versailles, il nie tout en bloc[4]. Bien qu'il fanfaronne. Il sait tout mais ne dira rien car il n'est pas une balance. Il avoue tout de même mais par bribes. Il reconnaît ainsi qu'une arme retrouvée dans une cave lui appartenait bien et qu'elle avait été achetée par sa compagne Sarah aux

1. En février 2017, alors qu'elle est sur écoute, évoquant au téléphone avec Bagui l'affaire Théo, ce jeune de Seine-Saint-Denis violemment meurtri par un coup de matraque dans la zone anale, Sarah suggère de monter « une équipe de Daech française pour tuer tous les condés et faire une grande guerre [*sic*] ».

2. Bagui Traore et Cédric Turpin ont été condamnés à trente mois de prison notamment pour « extorsion commise au préjudice d'une personne vulnérable en récidive ».

3. La compagne de Bagui Traore accuse de son côté Cédric T. d'en avoir fait autant. Elle l'aurait vu tirer, un fusil à la main, avec un foulard ou une cagoule sur la bouche.

4. Les gendarmes ont placé Bagui sur écoute du 14 novembre 2016 au 25 novembre 2016. Sa sœur Assa l'est déjà depuis le 22 septembre 2016 et le restera jusqu'au 7 octobre 2016.

puces de Clignancourt pour assurer la sécurité de sa famille quand il partirait au Mali pour les obsèques d'Adama[1]. Mais cette arme n'aurait pas servi contre les forces de l'ordre. Puis vient la confrontation attendue entre Bagui et Cédric. « Houleuse », selon les procès-verbaux. Bagui somme Cédric d'assumer ce qu'il a fait et le menace : *Il n'y a pas que dehors que tu peux avoir [*sic*] des représailles*, dit-il, *il y a aussi dans ta cellule.* Tout ça se dit devant témoins, puis est transcrit sur PV et paraphé. Le procès des émeutes s'est tenu du 21 juin au 9 juillet 2021. Ni Bagui ni Cédric qui s'accusaient n'ont finalement été reconnus coupables. La justice manquait de preuves, a dit le président de la cour d'assises, Marc Trévidic[2].

Je referme ce dossier pourtant loin d'être clos, Bagui et Cédric étant poursuivis et non encore jugés pour tentative d'assassinat lors des émeutes de Beaumont-sur-Oise. Ce n'est pas ce petit monde que les médias ont mis en avant mais un autre, celui-là plus seyant, plus « people », les tenants de la bavure d'État.

1. Mise sur écoute du 19 août 2016 au 19 octobre 2016, interpellée le 28 février 2017 à son domicile toulousain, Sarah sera mise en examen le 2 mars 2017.

2. Sarah, la compagne de Bagui, a également été relaxée par le tribunal.

Le comité Adama

Cette coulisse que dévoilent les enquêtes judiciaires et les écoutes est peu ou pas connue, je l'ai découverte avec étonnement. Elle est la face cachée, escamotée, presque « honteuse » de l'affaire Traore. C'est le côté pile. Le côté face le plus connu est indiscutablement plus attrayant. La mort du jeune Traore a insufflé un élan de compassion et de solidarité qui se cristallise au sein du comité Adama, composé de proches du clan et de militants chevronnés.

Un vaste front se constitue comprenant des Insoumis, des écolos, des bobos, des LGBT et même une poignée de « gilets jaunes ». Des figures de la politique telles que Christiane Taubira et Esther Benbassa. Des gens du show-biz tels qu'Omar Sy l'acteur, des politiques encore et bien sûr des rappeurs. Ce comité très sélect a même son attachée de presse. L'ensemble exhale un parfum de gauchisme suranné et mondain, un peu rétro, où l'on disserte sur Frantz Fanon et Angela Davis, ou l'on fait l'éloge de James Baldwin et de Malcolm X. Mais la pièce centrale « iconique », comme on dit aujourd'hui, est Assa Traore, la sœur d'Adama. Une ancienne éducatrice.

Au journal *Le Monde* elle distille ses petits secrets. Elle confie par exemple qu'« elle fait confiance à l'expertise des autres », qu'elle dispose d'hommes de confiance. Gravite autour d'elle une poignée de gens influents et efficaces, de militants experts en réseaux. Deux d'entre eux sortent du lot et ne la lâchent pas.

L'un est Almamy Kanouté qu'elle a rencontré à l'automne 2016 dans les studios d'Africa Radio, ex-Africa n° 1. Les deux prennent un café, elle lui narre son histoire, lui son engagement contre les violences policières. Depuis ils ne se quittent plus. Kanouté est un ancien de la Brigade anti-négrophobie. Il dément en revanche toute relation suivie avec les salafistes. Dans ces mouvances, toutes sortes de personnages intriguent. Éducateur spécialisé et acteur (il a joué dans le film *Les Misérables*), Kanouté est le créateur du mouvement Émergence. L'autre homme influent ayant lui aussi l'oreille d'Assa est Youcef Brakni. Lui et Kanouté viennent des mouvements de l'antiracisme « décolonial ». Ce professeur d'histoire-géo est un ancien du PIR, le Parti des indigènes de la République, et du Mouvement islamique de libération (le MIL). Un mouvement palestinien qui n'a jamais caché ses liens avec le Hamas. Le MIL s'affiche comme un partisan de « l'émancipation de la communauté musulmane en France en accord avec son identité culturelle et religieuse ». En 2013, le MIL s'est doté d'une charte en dix points dans le but de défendre l'islam et les intérêts des musulmans en France et dans le monde en « se fondant, lit-on, sur le saint Coran et la sunna du Prophète qui guident et orientent [...] » ses actions.

Activiste branché sur les réseaux sociaux, Brakni est un adepte des images léchées. « Conseil média » d'Assa, il l'invite à ne jamais se déplacer sans être accompagnée d'un photographe. Un professionnel. Brakni a la religion de l'image et le sens de la com, il est rapide, entreprenant, et a le sens du contact.

Il trouve un coauteur à Assa pour son livre *Le Combat d'Adama*. Au pays du buzz, il excelle. Sans doute n'est-il pas pour rien dans ce prix un peu factice décerné à Assa Traore. Le 28 juin 2020, la chaîne américaine Black Entertainment Television (BET) remet à Assa Traore le prix Bet Global Good « pour son combat antiraciste[1] ». BET est une chaîne communautaire créée en 1980 par Robert L. Johnson et rachetée en 2005 par Viacom, un géant de la communication. Fin juin 2012, une « case BET » est diffusée tous les jours en France sur la chaîne musicale MTV et, en octobre 2015, est lancée BET France devenue une chaîne du groupe Canal+, où Assa et son comité comptent des supporters. Mouloud Achour, l'animateur du « Gros Journal », est l'un d'eux : « Je te confie une arme, dit-il, à Assa Traore, c'est cette caméra, je te propose de devenir officiellement reporter au “Gros Journal”[2]. »

« Starisée », Assa devient même un modèle pour la femme noire. On en oublierait presque l'origine de toute l'affaire.

D'elle avec sa coupe afro on a fait un copier-coller d'Angela Davis. La revue *Ballast* en a été la cheville ouvrière. Elle organise une rencontre, un dialogue croisé entre les deux femmes qui hormis la coiffure et la couleur de peau n'ont guère à voir l'une avec l'autre. Assa le reconnaît d'ailleurs. Elle confesse au *Monde* : « Je ne suis pas une militante, la politique ne m'intéresse pas. Je ne suis que la sœur d'Adama. »

1. *Courrier international*, 10 décembre 2020.
2. 5 janvier 2017.

Le Mouvement de l'immigration et des banlieues (MIB) est l'héritier du combat antiraciste des années 70 et du mouvement pour l'égalité des années 80. Fondé en 1995, il établit son siège à Montreuil, à la Maison de l'immigration et des banlieues. Figure emblématique du mouvement, Samir Elyes est un des premiers à avoir approché Assa après la mort d'Adama. Le 20 juillet 2016, il débarque, flanqué de Sihame Assbague et d'Amal Bentounsi (la sœur d'Amine le fuyard abattu d'une balle dans le dos à Noisy-le-Sec). Ce carré de militants chevronnés lui prodigue ses conseils : « Il faut se préparer à la bataille judiciaire », dit la petite équipe très exercée dans la dénonciation des bavures policières.

Autre expert en agit-prop venu au chevet d'Assa, Nordine Iznasni. Il a grandi dans le bidonville de Nanterre et sera un des fondateurs du MIB[1]. À Assa il dispense lui aussi ses conseils, comme s'adjoindre avant tout et au plus vite un avocat pour porter plainte et accéder au dossier. « Assa et le comité ne font que reprendre le flambeau des luttes passées », dit-il. Un autre ancien du MIB assiste lui aussi le comité, Samir Baaloudj. Il a rejoint le MIB en 1997 à la mort d'Abdelkader Bouziane tué par des policiers de la BAC le 17 décembre 1997. Issu d'un quartier de Dammarie-les-Lys, en Seine-et-Marne, en juillet 2016 il souffle à Assa qu'il faut donner avant la police sa version des faits. Et faire qu'elle soit le plus vite possible publiée. Il faut occuper le terrain, se faire de la presse une

1. Mediapart, 22 ou 23 février 2020. Sur l'histoire du MIB, voir *L'Écho des cités* (journal du MIB), n° 4.

alliée. Mettre les journalistes dans le coup. Car ce sont les médias qui livrent la bataille de l'opinion.

Le MIB c'est une école de formation, un puits de savoir-faire mais aussi un réseau qui sert de modèle à la plupart des comités vérité contre les violences policières. Il s'inscrit dans la lignée du Mouvement des travailleurs arabes, le MTA, créé à Paris en 1972 par la Gauche prolétarienne, les maos, ceux-là mêmes qui instruisaient le procès de la police en 1971. Le MTA avait à l'époque pour slogan : « On meurt parce qu'on est noir ou arabe ». L'histoire du MIB se situe à la croisée de celle des banlieues, de l'autonomie, celle des années 70, virulente et activiste d'où a émergé Action directe. Elle agrège celle de l'antiracisme et des déçus du gauchisme. Bien que le MIB prône l'auto-organisation « contre la police, contre la justice, contre la presse » il tient à ce bémol : « Il ne faut pas nous réduire aux violences policières[1]. » Se coagulent ainsi autour d'Assa et de sa cause (celle de son frère Adama) des forces et des personnalités très politisées.

Cela, toutefois, n'a pas été vraiment une découverte. Le combat contre les violences policières est ancien, je crois l'avoir montré. Il se renouvelle de génération en génération. Pour l'affaire Traore, je laisserai la justice la clôturer. Je sais en ce qui me concerne quoi en penser. Je ne m'en suis tenu qu'aux faits, selon le principe de Michel Foucault.

1. Le MIB entretient des liens avec le NPA (ex-Ligue communiste) d'Olivier Besancenot ou encore le Forum social des quartiers.

14

Le brigadier-chef lanceur d'alerte

Le ministre reçoit chaque matin, Place Beauvau, dans sa revue de presse une sélection d'échos retenus parmi les plus sensibles diffusés sur Twitter et les réseaux sociaux.

Depuis une dizaine d'années la police surveille les réseaux sociaux, et ce n'est pas un hasard si l'IGPN s'est dotée d'un service spécialisé. Elle a même déjà pris sur le fait un flic amateur de vidéos pédopornographiques. En 2005, la police veillait déjà sur Internet, focalisée sur des blogs qu'elle soupçonnait de propager les « violences urbaines[1] ». Facebook est devenu ensuite un objectif, cette fois afin de repérer les meneurs, ceux qui orientent, poussent la critique. Avec les années, les services officiels ont développé leurs propres structures pour le suivi mais aussi pour leur communication. Surveillent-ils avec la même ardeur les « chats » ou groupes de parole où discutent entre eux des policiers ? Pas sûr.

1. *Le Parisien*, 8 novembre 2005.

La consultation du site StreetPress jette un éclairage saisissant sur le « délitement français ». Ainsi découvre-t-on au TGI de Paris que la langue de Molière s'efface derrière celle de San Antonio, dans les cellules du dépôt[1]. Ce constat transparaît, début mars 2019, dans les rapports d'un syndicaliste policier relayés par StreetPress. Ce dernier rapporte des faits de maltraitance dans les sous-sols et les cellules du TGI ainsi que des propos racistes ou homophobes tenus par certains de ses collègues. En trois ans, le lanceur d'alerte a rédigé plusieurs rapports qui ont suscité des enquêtes de l'IGPN sans que cela ait, du moins de ce que l'on en sait, un quelconque effet.

Une collègue du policier s'illustre particulièrement. À un prévenu, elle lance : « Tu prendras ce qu'on te donnera. On en a marre des bougnoules. » L'homme refusait de manger du porc. Pas de sanction, la fliquette est simplement déplacée. Pourtant la récidiviste a l'invective facile. Dans ses rapports, le syndicaliste cite les mots « bâtard », « négro », la formule « sale race » ou des phrases du genre « Je te lancerais tout ça dans la Seine ». Ou encore « sale pédé », « Va te faire enculer » et cette autre phrase :

1. Cet appauvrissement intellectuel et langagier est-il pris au sérieux ? Un rapport de l'IGPN de décembre 2011 consacré aux adjoints de sécurité, les ADS (remis en 2011 à Frédéric Péchenard, le DGPN), avait alerté sur ce problème évoquant des cas d'illettrisme. Ces flics au rabais « aigris, fragiles et susceptibles » présentaient même d'après le rapport de l'IGPN un risque potentiel, ces jeunes pouvant « être instrumentalisés dans les quartiers difficiles dont ils sont issus » – Voir *Le Monde*, 16 décembre 2011.

« Si ça ne tenait qu'à moi je l'égorgerais et je la laisserais se vider de son sang. » Privation d'eau, de nourriture, de sommeil, la déontologie et les valeurs républicaines si exaltées dans les discours ne font pas recette au dépôt du TGI de Paris.

Dans la même veine ordurière et raciste, Street-Press a mis son nez dans les échanges d'un groupe WhatsApp de flics du commissariat du VIIIe arrondissement de Paris. Pour l'essentiel ils appartiennent à la brigade des délégations et des enquêtes de proximité. Un fonctionnaire de police fraîchement débarqué à la brigade et qui a rejoint le groupe se voit attribuer en raison de son extrême minceur le surnom de « Pen Auschwitz ». StreetPress a épluché huit mois de conversation, le niveau est affligeant : « Les juifs aiment l'argent » ou encore « Les Noirs ont un gros sexe ». Trois enquêtes de l'IGPN n'ont rien trouvé à y redire, du moins là encore à ce qu'on en sait.

Plus grave ou intolérable peut-être avait été, aux yeux de certains, la parution en 2001 de *Vos papiers !* (L'Esprit frappeur) de Clément Schouler, un magistrat affilié au Syndicat de la magistrature, et qui avait fait scandale dans le landerneau policier. Sorte de manuel d'inspiration post-soixante-huitarde, genre guide du militant ou comment se comporter face à la police et connaître ses droits, ce petit ouvrage dénonçait « les contrôles d'identité au faciès très pratiqués bien que prohibés par la loi ». Ce qui avait surtout fait hurler les syndicats était la couverture du livre : le dessin d'un policier au visage de cochon, le *pig* des Américains. Suite à un procès engagé par le ministre de l'Intérieur Daniel Vaillant en décembre 2001, le magistrat auteur du « pamphlet anti-flics » avait tout d'abord été condamné avant que la Cour de cassation n'invalide le jugement en juin 2008.

Sans doute est-il plus aisé de punir l'auteur d'un petit livre à la couverture provocatrice que des policiers pris en flagrant délit d'insultes racistes pourtant indignes de leurs fonctions.

Le manuel de surveillance

Les services de police et de gendarmerie ne se contentent pas de repérer les tweets qui peuvent intéresser leur ministre dont ils agrémentent leurs revues de presse. Ils surveillent aussi ce qu'on appelle les *copwatchers* et ce qui s'écrit et se montre sur la Toile, les photos et les vidéos.

Le *copwatching* apparaît aux États-Unis dans les années 90 puis se répand sous l'effet des émeutes de Los Angeles et de Cincinnati suscitées par la mort de Rodney King, cet automobiliste noir tabassé par plusieurs flics durant de longues minutes. Distribution de coups frénétique, filmée et diffusée dans le monde entier. La clémence de la justice au procès des flics tabasseurs a soulevé les Noirs des ghettos américains. De violentes émeutes ont éclaté notamment sur la côte Ouest. Depuis, les adeptes de la surveillance de la police ou *copwatching* ont le vent en poupe. Bien avant l'affaire King pourtant, les activistes des droits civiques avaient conçu et mis en pratique ce stratagème. Ils l'ont conçu dès août 1969 après la tuerie de Détroit, perpétrée au Motel Algiers, en juillet 1967.

Trois jeunes gens – Aubrey Pollard, Fred Temple et Carl Cooper – y avaient été battus à mort par des policiers. Detroit est alors une ville à 47 % composée de Noirs et dont les forces de police dont le nombre s'élevait à 5 127 ne comptaient dans leurs rangs que 556 officiers de police noirs. Une population noire surveillée par des Blancs en quelque sorte.

Le manuel d'Observation de la police paraît en août 1969. Il étudie les techniques policières, délivre des conseils, précise la marche à suivre en cas de manifs et d'émeutes ou d'arrestations. Dans ce cas il conseille de « ne donner que son nom, sa date de naissance, son adresse, son travail et [de] ne rien dire d'autre ». Il préconise la mise en place d'équipes d'observation composées de deux personnes, dont une doit être munie d'une caméra ou d'un appareil photo. Est précisé dans la section B – observation photographie du manuel : « *The best camera to use is Kodak instamatic with flash cubes*[1] ». L'une photographiait ou filmait, l'autre observait et notait, enfin une troisième veillait sur les deux autres. Le principe de ces équipes a été repris lors des manifestations de « gilets jaunes » par la Ligue des droits de l'homme.

Le manuel incitait à rester calme et à ne jamais confondre le travail d'observation et celui de militant. Surveiller ne signifie pas participer. Le manuel invitait encore à noter le nom de l'officier de police incriminé, le numéro de son badge, son rang dans la police, les numéros de plaque des véhicules présents. Il expliquait la signification du nombre des

1. Archives de l'auteur.

épaulettes renseignant sur le grade du policier ou encore comment recueillir les témoignages des personnes présentes sur les lieux lors d'un incident.

Au début des années 70, divers manuels s'inspirant de celui de Detroit voient le jour en France, diffusés par des groupes gauchistes. Les militants y apprenaient comment se comporter face à la police, ce qu'il fallait dire ou taire. Dans les années 30, les communistes français publiaient déjà des brochures avec photos et biographies de « traîtres » et de flics infiltrés dans le mouvement ouvrier. Après Mai 68, des groupes militants filmaient et photographiaient discrètement les policiers affectés à certains services comme ceux des RG et notaient les numéros de plaque minéralogique de leurs voitures.

Aujourd'hui, hormis les équipes de la Ligue des droits de l'homme, les *copwatchers* se montrent discrets. Ils se savent ciblés par certains services du renseignement intérieur et des cellules de la gendarmerie. En conséquence, ils se montrent prudents.

Les copwatchers *en France*

En 2010 et 2011, les *copwatchers* se présentent comme un collectif de citoyens apôtres de la transparence et de l'information contre les violences policières. Sur Internet ils sont anonymes : une adresse e-mail un peu vague fait l'interface entre le site et ceux qui l'alimentent. Fausse adresse et faux téléphone. L'hébergeur du site est Riseup.net, Révoltez-vous, basé à

Seattle. Qualifié de service d'hébergement habituel des activistes d'ultra gauche.

Derrière ce collectif incernable, la police croit détecter un réseau anarchiste actif à Paris, Lille et Calais. Ce sont eux, assure-t-elle, qui sont à l'œuvre. De ce que j'ai pu apprendre, la plupart ont fait leurs classes dans les groupes d'aide aux migrants et contre les centres de rétention pour étrangers et bénéficient de connexions internationales. Qui qu'ils soient, ils annoncent la couleur : identifier les policiers en diffusant des noms et des prénoms ainsi que des photos, dans le but de les « inhiber » : « Nous œuvrons à ce que la paranoïa gagne doucement les rangs de la police », lancent les *copwatchers* qui menacent de filmer et d'identifier « les flics parisiens un par un » jusqu'à ce que la peur « change de camp ». Mais la police n'aime pas qu'on se mêle de ses affaires. Encore moins être filmée en pleine action et encore moins qu'on brise son anonymat. Mais filmer la police est un droit que l'IGPN elle-même ne cesse de rappeler aux policiers.

Dans un mémo du 25 avril 2017, la « police des polices » écrit : « Non je ne peux pas interdire qu'on me filme sur la voie publique. Je ne peux pas demander la destruction ni interdire la diffusion des images ni interpeller celui qui me filme sur ce seul motif. » En revanche « Je peux faire reculer celui qui filme… comme pour protéger une zone pour les besoins d'une enquête (traces et indices à sauvegarder) ». En résumé : « Je dois accepter de travailler en étant filmé sur la voie publique. M'y opposer revient à m'exposer pénalement et/ou disciplinairement. »

Le *copwatching* version « fichage » voire « délation » relève d'une approche plus radicale, plus hostile. L'intention de nuire clairement affichée suscite la colère des policiers. Telle une traînée de poudre, elle remonte et bruit jusqu'au cabinet du ministre. Un policier figurant sur les listes ayant trouvé dans sa boîte aux lettres une cartouche de chasse se tourne aussitôt vers la justice alors que les syndicats dénoncent un fichage « illégal ». Ministre de l'Intérieur de Nicolas Sarkozy, Claude Guéant obtiendra la fermeture du site en octobre 2011. Mais si son accès peut rapidement être bloqué, percer l'identité de ses animateurs est une autre affaire.

Fichage ? Le mot paraît excessif bien qu'il ne soit pas sans pertinence. Le site affiche des photos de policiers avec leur nom, leur surnom, le service où ils sont affectés et des commentaires le plus souvent désobligeants. Un fichage, mais alors rudimentaire réalisé à l'huile de coude. Restent les photos qui rendent les policiers identifiables. Mais le site n'en a pas l'exclusivité. Elles sont le plus souvent puisées dans la presse ou récupérées sur les réseaux sociaux. Rares sont celles qui ont été prises à la volée. Pour les appréciations, rien de mirobolant : « mauvais négociateur », « collabore avec la police britannique lors des opérations de maintien de l'ordre ». À côté de la photo d'un autre est écrit : surnom « chewing-gum » ainsi que cette appréciation : « n'hésite pas à faire charger dans le tas » [*sic*] ou encore « perd patience facilement ».

Un flic de la BAC d'Arras est qualifié de « fan de la marque Tor Steiner » (néonazie) interdite à la vente en France. Il serait « spécialisé dans les fausses accusations pour outrage et rébellion »… Un autre dit « le nettoyeur » affecté au commissariat central de Lille serait un « fan du forum Facebook d'extrême droite » (sur sa « fiche » son adresse a été biffée). Sur la liste figure avec sa photo un ex-directeur départemental de la sécurité publique entendu dans l'affaire du Carlton, cette histoire de proxénétisme à laquelle a été associé Dominique Strauss-Kahn. À son sujet il est écrit qu'il « prend les gens de haut et perd facilement patience ». Une fliquette de la BAC serait elle aussi une assidue du forum Facebook d'extrême droite.

En 2012, 541 fichiers de gardiens de la paix ont été piratés. Un piratage attribué aux Anonymous. Le fichier mis en ligne est d'origine syndicale et a bien été volé. Il comporte le nom, le prénom mais aussi une adresse e-mail, le mot de passe, le numéro de téléphone portable et le département auquel les policiers sont affectés. Ce piratage a eu lieu après l'arrestation de trois pirates informatiques, ce qui a fait dire qu'il pouvait s'agir d'une vengeance et non au sens strict d'une opération de *copwatching*.

Plusieurs groupes incitent en France au *copwatching*. Alternative révolutionnaire communiste, une tendance du NPA, ou l'association « Désarmons-les » qui appelle à la création de dizaines de groupes de *copwatching* dans les quartiers populaires tandis qu'une application (UVP) pour filmer la police en action est mise à la disposition des volontaires par Urgence notre police assassine. Tout comme pour les *copwatchers* américains, le nombre des vocations reste limité. Ce n'est pas un jeu.

Les cellules d'enquête

La gendarmerie n'y échappe pas. Depuis qu'elle intervient dans les cités en lisière des grandes villes, dotée de PSIG équivalents des BAC de la police, elle s'expose à la critique et se confronte aux militants de l'ultra gauche. En septembre 2017, le site Indymedia Grenoble puis Indymedia Nantes ont publié des photos de gendarmes.

La gendarmerie paie le prix de son engagement dans la « gestion » du mouvement social et du phénomène des ZAD (zones d'aménagement différé), tous deux particulièrement violents ces dernières années. Les manifestants désormais dotés d'un arsenal de plus en plus varié se servent comme à Nantes en septembre 2019 de mortiers et de bombes agricoles. Face à cette radicalité croissante, la police nantaise a de son côté créé une cellule spéciale destinée à la traque des « casseurs ». Ce groupe d'enquête spécifique de la sûreté de Loire-Atlantique comprend onze policiers dont un du renseignement territorial. En décembre 2019, la BRI (brigade de recherche et d'intervention) de Bordeaux raflait dans une maison du Bouscat une quinzaine de militants arrivés des quatre coins de France pour une manif « gilets jaunes ». Dix hommes et six femmes de 19 à 45 ans présentés comme proches des *black blocks.* Dans la maison qu'ils ont louée via Airbnb, la police a récupéré un petit matériel pour manif (des gants, des masques de ski, des « armes » et des « munitions » de fabrication artisanale : des bouchons plantés de clous, des bouteilles en verre vides, de l'acide chlorhydrique, des mèches et des boules d'aluminium.

Face à cette montée de la violence politique, la gendarmerie multiplie les cellules dédiées, inspirées du service d'investigation transversale, une unité spéciale de la préfecture de police de Paris. Ces cellules quadrillent les milieux activistes. Dans l'est de la France, la gendarmerie a implanté une cellule d'enquête au sein de la brigade de recherche de Nancy. De là elle suit un groupe de militants antinucléaires opposés à la création d'un site d'enfouissement de déchets radioactifs à Bure, petit village de 83 habitants situé dans le sud de la Meuse. Une autre cellule dédiée a pris le nom de Demeter. Créée en octobre 2019 à l'initiative du ministre de l'Intérieur, Christophe Castaner, elle a comme mission de protéger le monde agricole des intrusions sur les exploitations. Demeter bénéficie de diverses structures policières qui l'alimentent en renseignements. Tout comme des offices spécialisés et des services de pointe de la gendarmerie. Sans parler des liens étroits qui l'unissent à la FNSEA. Devenant experte en ZAD, la gendarmerie a dû se familiariser ces dernières années avec des mouvements de l'ultra gauche activiste française mais aussi européenne. Quand elle expulse les zadistes de Notre-Dame-des-Landes, elle est tout de suite visée par la solidarité entre militants écolos et libertaires européens comme à Munich où, le 23 mars 2018, le consulat de France est pris pour cible. Sur sa façade est peint à la laque rouge : « Le gouvernement français fait expulser des zadistes de Notre-Dame-des-

Landes ». Dans les ZAD, les gendarmes se collettent à des militants qui n'ont rien de folklorique.

Lors de l'évacuation de Notre-Dame-des-Landes, la fusée éclairante tirée en direction d'un hélico de la gendarmerie l'a été par un vétéran des forces armées du Kurdistan syrien qui a combattu en Syrie contre Daech aux côtés des Kurdes alliés aux Occidentaux. D'autres anciens volontaires des unités de défense du peuple partis combattre en Syrie contre Daech ont fréquenté la ZAD de Sivens. Là les écolos tentaient d'empêcher la construction d'un barrage dans le Tarn sur la zone humide du Testet. L'occupation du site a démarré en 2011 et, en septembre 2014, avec le début du déboisement, les zadistes ont dressé des barricades et creusé des tranchées sur la route. Prémices d'un harcèlement des forces gendarmiques qui culmine, dans la nuit du 25 au 26 octobre, avec la mort de Rémi Fraisse, un jeune opposant de 21 ans victime d'une hémorragie externe au niveau du cou, après avoir été touché en pleine nuit par une grenade offensive. Un autre militant des forces armées du Kurdistan syrien est passé lui aussi par une ZAD, celle-là située près de Cologne, en Allemagne, opposée à un projet minier calamiteux pour l'environnement. Certains voient la main de ces ex-combattants dans la série d'incendies qui a touché les locaux de la gendarmerie.

Bref, partout la radicalité gagne du terrain.

15

Bienvenue à Copland

Copland. Surnom donné dans un film déjà ancien (1997) à un patelin du New Jersey où des flics new-yorkais font régner leur loi jusqu'à ce que le shérif du coin décide de rétablir l'ordre et la morale.

La BAC 13 est apparemment une brigade anticriminalité comme les autres. Mais son fonctionnement lui a donné, un temps, des airs d'organisation criminelle. Elle paraît aux mains d'une bande de ripoux chevronnés, avec plaque, sans foi ni loi. Elle régnait sur la capitale phocéenne jusqu'à ce que l'IGPN y mette bon ordre, qu'elle procède à une grande lessive, démantelant cette bande au terme d'une longue enquête : 30 policiers suspendus, 17 mis en examen et 7 écroués. Impressionnant. C'est le grand ménage.

Le 2 octobre 2012, l'IGPN perquisitionne les locaux de la BAC et du commissariat de Bassens. Elle saisit du cannabis caché dans les faux plafonds et les casiers des vestiaires. Elle récupère de l'argent et des bijoux, des cigarettes de contrebande. Trente « baqueux » sont mis en garde à vue, certains seront suspendus, d'autres incarcérés. Tous ont été suivis et écoutés jusque dans leurs véhicules durant des mois.

Les ordinateurs et les agendas du patron de la sécurité publique de Marseille, dont dépend la BAC, ont été saisis. Il aurait laissé s'empiler sur son bureau les rapports et tardé à réagir. Entendu par l'IGPN, il reconnaît avoir discrètement renouvelé les brigades et fait le ménage au cours de l'été de 2011, car les plaintes contre la BAC nord dataient de 2007[1]. Le 5 octobre 2012, le procureur de la République donne de la voix. Il commente cette opération « mains propres » et fustige les ripoux. Le même jour, Manuel Valls, alors ministre de l'Intérieur, dissout la brigade. La BAC nord réalisait à elle seule 4 500 des 11 500 interpellations annuelles. « Les BAC font du chiffre alors on leur laisse la bride, l'encadrement ferme les yeux », me confie un responsable de l'IGPN.

La lessive se poursuit le 17 janvier 2013. La « police des polices » visite ce jour-là d'autres locaux. Elle descend à la division nord, à l'Évêché (l'hôtel de police de Marseille) et au cabinet d'audit de la direction départementale de la sécurité publique. Lisant la presse qui couvre l'affaire, j'apprends que parmi les nombreux rapports adressés au patron de la sécurité publique marseillaise, l'un d'eux, un pavé de plus de cent pages, mettrait en cause une quarantaine de flics. Je me dis naïvement que ce rapport a été

1. Entendu pour la première fois dans cette affaire par l'IGPN le 2 mai 2013, le patron de la sécurité publique de Marseille sera promu en 2015 directeur central de la sécurité publique par Christophe Castaner qui a succédé Place Beauvau à Gérard Collomb.

écrasé et que ces flics, les « quarante voleurs » dont on parle, sont ceux qui viennent d'être raflés et dont les noms, pour quelques-uns, devaient figurer dans la note du 7 novembre 2011 du patron de l'IGPN marseillaise remise au procureur et publiée dans la presse. Celle qui évoquait « une dizaine de fonctionnaires anciens et cyniques [...] leaders de pratiques crapuleuses ». J'en déduis que le ménage a été fait ! On n'a pas nettoyé les écuries d'Augias, préférant laver le linge sale en famille. Je me trompe. Cette affaire est cousue de fil blanc. La BAC version nord tient à la fois du fer de lance contre la délinquance et de la niche à ripoux.

La presse lève alors le voile sur l'homme à l'origine du grand déballage. Derrière l'opération « mains propres » s'embusque un Serpico qui, début septembre 2012, a témoigné à la télévision. Il se présentait comme un ex-policier de la BAC nord révoqué en août 2012 pour avoir relâché un dealer sans en avoir informé sa hiérarchie. L'homme de dos, la voix masquée, dénonce sur France 3 des vols d'argent, de drogue et de scooters. C'est lui, le Serpico. La Direction générale de la police nationale – DGPN –, gênée devant de pareilles accusations, déclare que ce genre d'affaire est rare. Elle défend solennellement la probité des 3 500 policiers des 235 BAC de France. Une police d'élite composée de volontaires triés sur le volet. Or voilà que cette police habituellement glorifiée se confond à Marseille avec ceux qu'elle pourchasse. Le chef de la BAC nord jusqu'en 2011, recasé au cabinet du patron de la Sécurité publique, se retrouve lui-même sur la sellette. Il rendait des services à des journalistes et des gérants de boîtes de nuit en consultant les fichiers de police. En avril 2017, il a écopé de dix-huit mois de prison.

Comment les baqueux ont-ils pu déchoir à ce point ? Celui qui dénonce toute l'affaire a été un des leurs. Sébastien Bennardo (je l'appellerai SB) avait été écarté de la BAC nord 13 pour avoir fait un « usage non opérationnel du flash-ball », vol et violence. Un homme qualifié par le patron de la sécurité publique de Marseille de « mythomane ». Sans lui, pourtant, pas de rafle et pas d'enquête de l'IGPN. Pas de scandale de la BAC 13. Un mytho plutôt convaincant.

Un chevalier blanc ?

Ex-ADS (adjoint de sécurité) entré dans la police en 1999, SB fait ses classes dans les « cités pourries » avant de débarquer à Marseille en 2007. La même année, il rejoint en septembre la BAC nord. C'est le genre flic « décomplexé » et hâbleur. « On agit borderline pour faire des affaires », dit-il, précisant qu'au contact des voyous il a appris « à devenir aussi vicieux qu'eux ».

SB ne fait pas de vieux os à la BAC nord et en est écarté deux ans après y être entré. Versatile, il s'acharne sur ses ex-collègues. « Tous les jours ils prenaient du shit et de l'argent aux dealers interpellés », dit-il. Ils se servaient, ajoute-t-il, dans les saisies de cigarettes de contrebande et de sacs de luxe contrefaits. Au sujet du groupe B de la BAC nord, SB est plutôt cinglant : « Ce sont tous des voleurs ! » Mais « Monsieur Propre » est-il lui-même sans reproche ? Son histoire de flic comporte des zones d'ombre. Elle mérite qu'on s'y attarde. Elle est au cœur de la genèse de l'affaire des ripoux de la BAC 13.

Un marchand ambulant interpellé à la porte d'Aix se plaint le 14 mars 2009 d'avoir été passé à tabac dans une salle vide de l'Évêché, l'hôtel de police de Marseille. Il aurait été délesté de 150 euros et d'un portable. Bennardo et un de ses collègues sont accusés. Les deux nient le vol et expliquent les traces de coups sur le visage du marchand à la sauvette par une interpellation mouvementée. Le marchand ambulant raconte son histoire aux éducateurs du foyer qui l'héberge. Ces derniers lui font crédit et décident d'avertir la députée Delphine Batho. Dans une lettre, ils décrivent l'affaire telle que le mineur la rapporte. À son tour, comme la loi le lui permet, la députée transmet l'affaire à la Commission nationale de déontologie pour la sécurité. Créée le 6 juin 2000, la CNDS s'occupe des dysfonctionnements des forces de l'ordre. Elle dispose de réels moyens d'enquête. Aussi les policiers s'en méfient et ont plutôt mal accueilli sa création. La commission n'est pas sans pouvoir et a accès aux documents les plus utiles (PV, rapports, bandes sonores...). Elle dispose d'une petite vingtaine de personnes dont un ancien des RG pour faire ou refaire des enquêtes. Enfin elle travaille en bonne entente avec l'IGPN dont elle apprécie les rapports. Les contacts directs qu'elle entretient avec la Direction générale de la police nationale, quelquefois personnels comme avec Frédéric Péchenard, servent à l'occasion à arrondir les angles.

Saisie, la CNDS convoque SB et l'entend à Paris. Le policier se défend et nie tout. Il n'a jamais tabassé le marchand à l'Évêché à proximité de ce que la victime appelle la salle de rédaction, en fait une salle remplie d'ordinateurs où les policiers frappent leurs PV. Il rejette en bloc ce dont on l'accuse. Il parle de coup monté et signale qu'Akim, celui qui l'accuse, est reparti au bled. Jeune avocat juriste, en charge de l'enquête pour la CNDS, Christophe Pouly écoute puis il s'immerge dans le dossier. Des détails vont attirer son attention. Auditionné par l'IGPN, le patron de la BAC dans ses déclarations ne couvre pas SB. Or un chef couvre habituellement ses hommes. Peut-être après tout que SB ne ment pas et qu'il s'agit bien d'un coup monté. Au fil des PV, Pouly se forge une opinion. D'abord rien qu'un sentiment puis une quasi-certitude l'envahit. Le dossier semble bien à charge et fait pour discréditer SB. Le policier n'a en effet aucun antécédent de violence[1]. Saisi par le doute, il s'interroge sur la sincérité de l'accusateur car aucun élément du dossier ne prouve qu'il a bien été frappé. Le 7 mars 2011, la CNDS écrit dans son avis à propos de la plainte du marchand ambulant que « les faits de violences volontaires dénoncés par Akim [n'étaient] pas démontrés ».

Le passage de SB à la CNDS ragaillardit l'ex-baqueux. On le blanchit et on croit à son histoire de coup monté parce qu'il critique le fonctionne-

1. Entretien avec Christophe Pouly.

ment de la BAC et ses dérives. Pouly ne lui a-t-il pas dit : « À la CNDS, nous avons entendu plusieurs de vos collègues de Marseille qui nous ont déjà parlé de malversations au sein de la BAC nord. » Puis le patron de Pouly, Roger Beauvois, a renchéri : « Si vous avez quelque chose à dire ou à dénoncer un jour, écrivez à des élus comme Noël Mamère qui nous fait remonter plus d'informations car les organismes indépendants ne peuvent être saisis que par des élus. » C'est comme si on lui tendait une perche.

Le 2 février 2011, SB est à nouveau convoqué à la CNDS. Encore l'affaire du tabassage. En fin d'audition, il confie à Pouly qu'il a été menacé : « On a voulu me tuer », dit-il avant d'ajouter : « Maintenant j'ai des choses à vous dire. » Il sort une lettre qu'il a, précise-t-il, déjà montrée en novembre 2010 à un flic de l'IGPN qui n'en aurait pas cru un mot. La lettre dresse la liste des turpitudes de la BAC nord. Elle énumère des faits de petite corruption et d'autres plus graves. Elle met en cause une trentaine de fonctionnaires, ceux-là mêmes sans doute que l'IGPN va rafler. Pouly informe aussitôt Beauvois de l'existence de cette lettre qui accuse plusieurs dizaines de flics de Marseille d'être des ripoux. Lui et la CNDS ne peuvent rien faire de cette lettre. Mais Beauvois ne restera pas les bras croisés. « On va voir avec Jacques Dallest, le procureur de Marseille », dit le patron de la CNDS. L'affaire des ripoux de la BAC 13 prend corps.

Trouver des alliés

Le Marseillais trouve alors une oreille complaisante en la personne du nouveau préfet de police de région, Alain Gardère, qui débarque dans la cité phocéenne. Son prédécesseur, Gilles Leclair, l'ex-numéro trois de la PJ nationale, a donné une interview au journal *La Provence* qui a fortement déplu au ministère. Parlant de l'insécurité qui ne reculait pas, il a lâché, un peu désinvolte : « Je ne suis ni le sauveur ni Jésus. » Disant cela, il a signé son arrêt de mort professionnel. Alain Gardère – sarkozyste pur jus – prend aussitôt sa place et devient le nouveau préfet délégué à la sécurité de Marseille.

La trame de cette histoire qui va faire tant de bruit se dessine. SB s'est trouvé des alliés de poids : la CNDS qui l'a blanchi et relaie ses informations, le procureur de Marseille qui se trouve être un ami du patron de la CNDS et maintenant le préfet délégué à la sécurité Alain Gardère qu'il rencontre le 21 octobre 2011. Le rendez-vous a été pris par un journaliste de *La Provence*, Romain Luongo.

SB apporte un paquet de PV de renseignement. Le résultat de sa propre enquête qui aurait duré des mois, laisse-t-il entendre. Il dresse pour le préfet un tableau saisissant des mœurs des policiers de la BAC 13. Gardère enfile illico les habits de « Monsieur Propre » : « Je peux bien passer sur un coup de poing mais pas sur des voleurs », dit-il un peu grandiloquent. Il ajoute : « Vous avez des infos pour moi, ça m'intéresse », mais il y a un mais : « Moi, préfet de police, je ne peux pas saisir l'IGPN sur des on-dit ». Gardère fait alors venir Didier Cristini, le patron de l'IGPN à Marseille, dont les bureaux se situent au-dessous de ceux du préfet. Cristini et Gardère sont des amis de vingt ans, et se tutoient. Gardère lui passe le relais. Cristini deviendra un autre allié de poids de SB. À lui désormais d'étayer les informations de l'ex-baqueux, d'en faire des éléments solides et prouvés.

Avant de se retirer, SB informe Gardère (comme on avertit un ami) que son chauffeur est un ancien de la BAC mis à cette place par un homme proche du patron de la sécurité publique[1]. Méfiance donc. Gardère a compris et fait venir un chauffeur de Paris.

Le rouleau compresseur de l'IGPN

La première « séance de travail » entre SB et Cristini se tient dans la discrète arrière-salle d'un bar de Marseille. SB raconte dans un livre[2] que ce jour-là il a signé un document officiel et très confidentiel qui fait de lui le « super-indic » du ministère à Marseille. Il devient un informateur protégé de l'IGPN. Cristini, secret oblige, ne travaillera qu'avec les flics parisiens de l'Inspection.

Peu après les techniciens du RAID entrent en scène. Ils piègent les voitures balisées de la BAC nord. Des micros sont aussi posés dans d'autres

1. Sébastien Bennardo, *Brigade anti-criminalité*, Flammarion, 2013.

2. *Ibid.*

locaux fréquentés par les policiers. SB prête la main aux équipes de l'IGPN. Il décode pour Cristini les conversations que les baqueux ont dans leur voiture. Il connaît leur voix mais aussi leur langage, leurs expressions. Il interprète les sous-entendus. Lors de la première séance de travail, SB a aussi conseillé à Cristini de se renseigner dans les dossiers de la PJ sur l'assassinat de Lyès Gouasmia. Ce jeune trafiquant retrouvé à Vitrolles, le 14 septembre 2008, en chien de fusil, dans le coffre d'une BMW. Tué d'une balle en pleine poitrine avant d'être carbonisé. En mars 2011, l'affaire était close, le procureur ayant déclaré qu'« il n'y avait plus rien à exploiter ». Le 15 février 2012, le parquet d'Aix-en-Provence rouvre l'enquête. L'IGPN l'a informé de faits inquiétants imputés à la BAC nord de sources anonymes. Lyès aurait été puni pour avoir volé 100 kilos de cannabis à ses associés et dénoncé par des policiers de la BAC en cheville avec les dealers. SB qui est la « source anonyme » tire décidément bien des ficelles. Pour étayer ses dires, Cristini a utilisé une écoute du dossier de la BAC. Une conversation, datée du 1er février 2012, entre un policier mis en cause et un de ses collègues. L'extrait dit ceci : « Ce qui fait que la BAC nord l'a balancé à des caïds de la cité, c'est pour ça qu'il a été tué ma foi[1]. »

Alors que les éléments s'accumulent et que le dossier s'épaissit, Alain Gardère se dit pessimiste. L'enquête aboutira-t-elle un jour ? L'oiseau de mauvais

1. En avril 2014, la justice referme à nouveau le dossier qu'elle clôt par un non-lieu. La partie civile fait appel.

augure se serait-il trompé ? Certains le pensent quand, en octobre 2012, l'IGPN dégringole les ripoux et que certains d'entre eux se retrouvent incarcérés.

Tous protestent cependant de leur innocence. Et même avec véhémence. L'enquête de l'IGPN a été gonflée, disent-ils, et les comptes rendus d'écoutes ont été charcutés. Tout a été fait pour les faire passer pour de véritables voyous. La mariée serait-elle trop belle ? À la tête de l'IGPN, on se le demande. N'est-on pas allé un peu vite en besogne ? Le dossier était-il aussi béton que ça ?

Sage rétropédalage

Dès son arrivée à la tête de l'IGPN, Marie-France Monéger a été prévenue. Alors qu'elle passe en revue avec son prédécesseur la liste des dossiers chauds, celle des problèmes qui n'attendent pas, il l'informe qu'une grosse affaire va éclater d'ici quelques jours à Marseille. Une affaire qui devrait faire du bruit.

La nouvelle cheffe de l'IGPN est une femme prudente et un flic expérimenté. Elle a roulé sa bosse, passant de la police judiciaire à la police aux frontières, de la formation à la gestion des ressources humaines. Elle tient son bâton de maréchal, la direction d'un prestigieux service actif de la police nationale, l'IGPN. Marie-France Monéger se renseigne aussitôt. Puis convoque dans son bureau celui qui a mené l'enquête, Didier Cristini. Un type « sérieux », dira-t-elle plus tard, sans doute pour le défendre alors qu'il est attaqué, indiquant même qu'il était « loyal, honnête et très investi dans son travail ».

Elle le sonde. Cristini sourit et ajoute, un peu énigmatique : « C'est du lourd. » Puis l'affaire sort. Elle est énorme en effet, au point que Marie-France Monéger souhaite en avoir le cœur net. Elle saute dans un avion et rencontre à Marseille la juge d'instruction qui la tranquillise en lui confirmant la validité du travail de l'IGPN locale. La cheffe de l'Inspection ne se sent pas pour autant rassurée. Peut-être l'instinct. Mais aussi cette source omniprésente au parcours sinueux qu'est ce justicier que l'IGPN a entendu à plusieurs reprises pour des petites affaires. Ce type n'est pas une oie blanche.

Le 20 septembre 2011, SB est passé devant le conseil de discipline pour un faux constat de cambriolage de sa maison qui lui a valu une sanction administrative d'un an de suspension dont onze mois avec sursis. Puis, jugé le 22 novembre 2011 pour faux en écriture et tentative d'escroquerie à l'assurance par le tribunal de Marseille, il écope d'une peine de six mois de prison avec sursis et d'un an d'interdiction d'exercer ; il est relaxé pour la tentative d'escroquerie. *La Provence* le décrit comme un « flic ripou », ce qui n'a pas empêché le lendemain, le 23 novembre, le procureur de Marseille Jacques Dallest d'ouvrir une enquête préliminaire dont SB est la source cachée. L'IGPN avait dès lors le feu vert pour éplucher les dossiers et mettre sur écoute les baqueux. Enfin SB a été de nouveau traduit devant le conseil de discipline le 15 mai 2012, cette fois pour avoir relâché un dealer de sa seule autorité. Les chefs de la PJ et de la sécurité publique de Marseille l'ont ce jour-là accablé de reproches avant de prononcer sa révocation devenue effective en août 2012, soit plus de deux mois avant la rafle. Quant à Didier Cristini et à son adjoint, Monéger n'est pas plus rassurée. Ils ont si bien cloisonné que personne au-delà d'un très petit cercle ne pouvait juger de la solidité des investigations. Monéger mesure à quel point l'équipe locale de l'IGPN est divisée. D'ailleurs elle ne tardera pas à exploser. Autre signe inquiétant, la presse. Elle aussi se montre très partagée. D'ordinaire, elle fait ses délices des affaires de ripoux. Ce n'est pas le cas cette fois-ci. Les « pour » applaudissent, les « contre » dénoncent la fragilité de l'enquête. L'affaire fait du bruit en effet. Le prédécesseur de Monéger ne s'était pas trompé, mais n'en fait-elle pas un peu trop ?

Dans les semaines qui suivent, la délégation marseillaise de l'IGPN et son chef Cristini sont déchargés des suites de l'enquête. Les flics lyonnais de l'IGPN prennent le relais en novembre 2012 (un mois plus tard). Le rapport initial a été retoqué. En moins d'un mois, ce que Cristini appelait du « lourd » semble devenu bien léger. Les juges sont eux aussi soudain tenaillés par le doute. Des « ripoux » sont remis au travail et ceux qui avaient été expédiés en prison recouvrent la liberté. Plus d'un confie qu'ils n'y ont survécu que grâce aux antidépresseurs et aux anxiolytiques. Leurs syndicats n'ont pas lâché prise et certains journalistes non plus, comme celle de Mediapart qui assistera au conseil de discipline. Elle ne cesse de dénoncer cette enquête et a pointé du doigt l'accusateur, le baqueux viré de la BAC nord, le fameux SB, qui bientôt publiera un livre-témoignage dans lequel il se met soigneusement en valeur[1]. Ce retournement de situation laisse pantois. On est passé des super-ripoux à des ripoux lambda, ordinaires, quelconques. Le système de racket quasi mafieux ne serait que de mauvais travers sur lesquels on a pris l'habitude de fermer les yeux. Il y a loin de la coupe aux lèvres. Marie-France Monéger décide prudemment d'écarter Cristini et l'envoie s'occuper de l'antenne de Nice de l'IGPN. Lui-même est niçois et sa mère y vit, il ne sera pas dépaysé. Il accepte sa mutation sans difficulté et rompt tous ses contacts avec SB. Le « grand déballage » prend l'eau. À se demander si cette histoire n'a pas été un mirage.

On ne se refait pas. Revoilà Didier Cristini chevauchant une nouvelle grosse affaire qu'il est monté expliquer à la cheffe de l'IGPN.

Cristini a débusqué à Grasse en juin 2014 une nouvelle bande de flics qui racketteraient des dealers. Il a entendu une de leurs victimes qui se cache dans sa famille de crainte d'être liquidée ! Le dealer lui a balancé sur photos cinq membres de la BAC et deux membres du groupe de sécurité de proximité (GSP) qui l'auraient racketté de 2008 à 2011. La bande lui aurait extorqué 25 kilos de résine de cannabis et entre 5 000 et 8 000 euros. Cristini a aussitôt placé la bande sur écoute et épluché ses relevés bancaires. Mais celui qui a balancé se reprend et se dédit. Il a menti et, en décembre 2014, l'affaire n'existe plus. Le dealer est poursuivi pour dénonciation calomnieuse.

---

1. Sébastien Bennardo, *Brigade anti-criminalité, op. cit.*

Marie-France Monéger lâche : « Son seul défaut [à Cristini] est d'être introverti et de ne pas bien communiquer. » Quand il lui avait raconté sa nouvelle affaire, la patronne des « bœufs-carottes » lui avait conseillé de prendre de longues vacances.

Un préfet peut en cacher un autre

Cette affaire qui se présentait comme un dossier exceptionnel aura fait des dégâts. L'image de l'IGPN aurait pu en être durablement altérée. Mais la « police des polices » semble douée pour la gestion de crise. Dans ce domaine elle excelle, insubmersible. Le procès de la BAC 13, en avril 2021, a en effet tourné à la déroute – 7 des 18 policiers poursuivis ont été relaxés et les autres ont écopé de peines dérisoires non inscrites de surcroît au casier judiciaire.

Quant aux protagonistes de ce qui apparaît aujourd'hui comme une farce, ils ont tous plus ou moins coulé.

Alain Gardère, le préfet, ce « Monsieur Propre » qui voulait assainir la police marseillaise, n'en a pas fini lui-même avec l'IGPN. L'ancien directeur de cabinet de Claude Guéant au ministère de l'Intérieur campe au cœur d'un dossier – une affaire de trafic d'influence – où se croisent des huiles de la police et l'ex-syndicaliste Jo Masanet.

La justice a mis Gardère en examen en juillet 2016 pour corruption passive et prise illégale d'intérêts. Alors qu'il dirigeait (comme préfet délégué) Aéroports de Paris, il aurait dans le cadre de ses fonctions accordé des faveurs à diverses personnes, abusé des frais de représentation et de carburant. L'enquête de l'IGPN aurait établi des liens étroits entre Gardère et des entreprises du BTP. Il se serait constitué un important patrimoine immobilier. Les enquêteurs le soupçonnent également d'avoir profité d'avantages en nature de toutes sortes, de travaux et de voyages gratuits, se faisant inviter dans des restaurants de luxe. L'enquête de l'IGPN fait aussi apparaître divers réseaux : des entreprises du BTP, des hommes politiques et des flics de haut rang comme Frédéric Péchenard ou Roger Marion, l'ex-chef de l'antiterrorisme de la PJ, ou encore les réseaux maçonniques de la GLNF ainsi que des personnalités du monde de la nuit comme le patron du Paradis latin. Cette boîte qui depuis des lustres entretient des liens étroits avec des syndicats de police. Il a aussi de nombreux contacts avec des sociétés de sécurité privées. Alain Gardère réfute avec vigueur ces accusations et il est donc à ce jour présumé innocent. Fin 2014, il a en tout cas quitté ADP pour devenir l'adjoint du criminologue Alain Bauer au CNAPS, le Conseil national des activités privées de sécurité mis en place en 2010 dans le but de « moraliser et mieux contrôler la profession ».

Quant au patrimoine de Gardère, l'IGPN en donne un aperçu dans une de ses synthèses ; il serait important, ce qui d'ailleurs ne prouve rien. Gardère qui conteste ce qu'on lui reproche a dû verser une caution de 150 000 euros pour ne pas aller en prison[1]. Brigitte Jullien n'avait pas tort, tous les flics un jour ou l'autre ont affaire à l'IGPN.

1. La justice a achevé ses investigations en septembre 2020, vingt personnes ont été mises en examen, le procès s'il a lieu se tiendra fin 2021 ou début 2022. Elles restent donc présumées innocentes.

16

Quand l'Inspection fait de la politique

Je revois cet ancien de l'IGS, attablé devant une tasse de café dans un bar de l'avenue des Gobelins, près du cinéma Les Fauvettes. Il a des choses à dire. Il me raconte longuement ce jour-là comment Michel Poniatowski, fidèle et intime du président Giscard d'Estaing dont il a été le ministre de l'Intérieur, a utilisé l'IGS pour éliminer les plus radicaux supporters du SAC dans la police.

Le ministre suivait de près les affaires lyonnaises de gangstérisme qui, en 1974, défraient la chronique et dans lesquelles tremperait l'underground du mouvement gaulliste. Affaires liées, dit-on, au financement occulte de certaines campagnes électorales. Il se tient informé des enquêtes en cours par le contrôleur général Mattei dont les investigations ont longtemps piétiné tant il touche à une matière explosive : des flics proxos, des gangsters colleurs d'affiches, des truands au service d'hommes politiques. Un mélange des genres qui ne simplifie pas une enquête. Michel Poniatowski ne suit pas que l'enquête de Mattei. Il s'intéresse aussi de près au travail de la PJ lyonnaise.

Une centaine de flics qui ne ménagent pas leur peine. Mais il n'aura pas la peau du SAC, la police gaulliste parallèle dont la chute interviendra plus tard, durant l'été 1981, après la tuerie d'Auriol (sept personnes assassinées lors d'un règlement de comptes interne). L'IGPN monte alors en première ligne. Cinq fonctionnaires de l'Inspection, du genre incorruptible, chapeautés par son numéro deux René Barre, ancien chef des voyages officiels, secondé par le contrôleur général Albert Mourey, sont à pied d'œuvre à Marseille depuis la mi-août. Leur mission consiste à évaluer l'influence d'une organisation mi-police politique mi-service d'ordre musclé ; 43 policiers marseillais étaient adhérents du SAC qui recrutait beaucoup dans les unités de CRS et la compagnie spéciale de la voie publique. Un quart des effectifs du SAC de Marseille étaient des policiers. L'enquête de l'IGPN se mène en grand secret. Les incorruptibles de l'Inspection occupent deux bureaux à la préfecture de police des Bouches-du-Rhône. Portes fermées à clé et, le soir, leurs serviettes rangées au coffre de la maison.

Mais « incorruptible » ne rime pas forcément avec « chien fou ». Les hommes de l'Inspection savent se montrer prudents. Ils l'ont été à l'excès dans l'affaire Daniel Voiry, ce brigadier de police entré à la préfecture de police en 1979. Ce fonctionnaire bonhomme était devenu au fil des ans un flic puissant, influent. Financièrement aisé, il possédait une BMW de luxe qu'il garait dans la cour de la PP. Ce train de vie avait certainement intrigué les « bœufs-carottes » qui prudemment avaient détourné les yeux.

Adhérent à la FASP (fédération syndicale de policiers plutôt classée à gauche), membre de la Grande Loge nationale de France (GLNF), Voiry était lui-même proche du RPR (les LR de l'époque) et en Seine-Saint-Denis l'affidé d'un élu gaulliste à la réputation d'homme de main du SAC. Voiry disposait d'un bureau personnel pour remplir la tâche principale lui incombant et qui consistait à répartir entre une soixantaine de commissaires de la sécurité publique de Paris les « frais d'enquête et de surveillance » (des dizaines de milliers de francs par an, des sommes coquettes pour l'époque). Et puis un jour, le brigadier Voiry est retrouvé suicidé dans sa voiture, garée sur le parking d'un supermarché, une balle en plein cœur[1]. L'enquête établira (difficilement, les pressions alors étaient fortes) que la société Eurocen qu'il gérait avec sa femme servait à recueillir des commissions sur des marchés immobiliers. Le brigadier était un homme d'argent et d'argent secret. D'argent sale. L'enquête se hasarda à la préfecture de police. L'IGS pointe alors son nez mais elle ne fait qu'un tour de piste car Voiry a des relations. L'IGS se rétracte dans sa coquille. Dans l'affaire de Broglie, elle ne fait pas davantage de zèle. Affaire délicate, il est vrai. Un ancien ministre chargé des finances des Républicains indépendants, le parti giscardien, a été abattu. Le crime n'est pas ordinaire car la police savait qu'un contrat avait été mis sur sa tête et qu'y était impliqué un policier de la DST, Guy Simoné. Une fois le tuyau recueilli, la police a

1. Le 6 décembre 1990.

voulu placer Simoné sur écoute, une tâche qui relevait des compétences de l'IGS. Mais cette dernière refuse de s'en mêler. Son patron Edmond Daram expliquera son refus par une objection « technique » et une surcharge de travail. Il avait ajouté que cette écoute aurait de toute façon aussitôt été repérée au commissariat de Nanterre où l'intéressé était affecté.

Les flirts plus ou moins poussés de l'Inspection avec la politique ont pris des tours plus inattendus. Comme lors de la cohabitation de 1986-1988 alors que François Mitterrand préside et que Jacques Chirac gouverne. Leurs hommes se livrent alors dans l'ombre une guerre secrète impitoyable.

L'IGPN, une police supplétive

Décembre 1987. Une taupe tapie au sein du Conseil supérieur de la magistrature intercepte et photocopie le courrier qu'échangent sa présidente, Danièle Burguburu, et le chef de l'État, François Mitterrand. Cet acte d'espionnage est d'une réelle gravité.

Christian Prouteau, l'homme des questions de sécurité à l'Élysée et ancien patron du GIGN, est aussitôt chargé de tirer l'affaire au clair. François Mitterrand veut savoir qui se cache derrière ces fuites et en connaître l'origine. Très vite les soupçons se portent sur un huissier du CSM (le Conseil supérieur de la magistrature), Yves Lutbert, aussitôt placé sous surveillance. Lui et ses relations sont passés au crible. On s'apprête également à installer sur le palier de son appartement un magnétophone pour

« brancher » sa ligne personnelle. Une petite équipe dirigée par un ancien gendarme est à l'œuvre mais l'entreprise capote. Elle échoue à cause d'une voisine inquiète de ces mystérieux va-et-vient à l'étage de Lutbert et qui alerte la police. Celle-ci débarque alors que l'ancien gendarme et ses deux assistants s'apprêtent à quitter l'immeuble. Elle les interpelle, l'un dans la cage d'escalier, les deux autres au rez-de-chaussée. Puis la police découvre dans leur voiture une valise remplie d'accessoires électroniques et de clés passe-partout.

L'enquête est confiée à la 4e DPJ qui bute rapidement aux portes de l'Élysée. L'IGPN qui évite d'ordinaire de s'aventurer spontanément dans les affaires délicates entre cette fois dans la danse actionnée pour enquêter sur les « plombiers » du CSM, ceux qui s'apprêtaient à mettre une bretelle chez l'huissier. En période de cohabitation, l'IGPN se fait ainsi le discret bras armé du pouvoir gaulliste. Place Beauvau, on a tout de suite saisi cette opportunité : suivre cette piste qui conduit à l'Élysée jusqu'à Christian Prouteau. Après l'arrestation des plombiers, la justice ouvre une information pour « tentative d'attentat à l'intimité de la vie privée » qu'elle confie au juge Gilles Boulouque dont le frère est commissaire à la Crim'. Magistrat que plus d'un croit malléable à souhait et facilement manipulable depuis qu'il a renvoyé le terroriste iranien Wahid Gordji aux mains ensanglantées dans son pays. Boulouque saisit l'IGPN alors sous l'influence de policiers qui gravitent dans l'entourage rapproché de Charles Pasqua et qui y avaient été mutés en 1981. En ces temps de cohabitation, le choix, inattendu, de l'IGPN paraît judicieux car la droite va pouvoir de cette façon suivre discrètement l'affaire Lutbert.

Boulouque est-il complice (ou conscient) de la manœuvre ? S'est-il laissé convaincre ou abuser ? Je ne sais, mais l'homme qui se suicidera en décembre 1990 semble influençable, malléable. Le patron de l'IGPN, pour mener l'enquête auprès du juge, ne saisit pas le chef du cabinet central de discipline, le commissaire Serge Devos, le très médiatique ex-patron de la 3e brigade territoriale. Il confie la tâche à son adjoint, le commissaire Roger Chetard, qui ne devra pas tenir Devos informé de l'enquête. Visiblement on n'a pas confiance en ce franc-maçon du Grand Orient de France, un peu bavard peut-être mais qui surtout n'est pas de la famille, celle des flics gaullistes, sans être pour autant un flic de gauche.

L'IGPN enquêtera à la marge de la cellule. La voiture (une Ford beige), donc, a été utilisée par les plombiers qui l'ont conduite à la Présidence. Achetée par Christian Prouteau à l'épouse d'un proche du ministre de la Défense, Charles Hernu, elle était utilisée avec une vraie fausse carte grise. Elle a disparu subitement après l'interpellation des trois hommes. L'IGPN découvrira qu'elle avait stationné en 1986 et 1987 à Satory et été utilisée par le garde du corps de Christian Prouteau ! L'IGPN va perquisitionner la base militaire où les gendarmes reçoivent les policiers froidement. Ils les photographient et les filment. L'appartement du chauffeur a bien entendu été vidé. Les flics repartent sous les quolibets.

Il n'est pas difficile d'imaginer que tout ce que l'IGPN collecte pour le juge file vers le cabinet noir.

En 2012, quand Manuel Valls tire un trait sur l'IGS qu'il fait rentrer dans le rang pour en faire la filiale parisienne de l'IGPN, il y a anguille sous roche. Certes, le ministre de l'Intérieur de François Hollande souhaite réformer l'Inspection, rendre ce service plus dynamique, plus moderne, et en faire un outil plus efficace de lutte contre la corruption (dans la police), phénomène qui le préoccuperait. Les données statistiques ne reflètent en effet que partiellement la réalité. Les faits sont minimisés et le cabinet a plusieurs fois freiné les ardeurs de l'IGPN de peur que la police ne finisse par passer pour un nid de ripoux.

Mais on ne se défait pas si facilement de mauvaises habitudes. Si la réforme prévoit d'en finir avec ce dinosaure administratif considéré comme une des plus vieilles institutions de la police parisienne qu'est l'IGS, c'est que depuis quelque temps le service est sur la corde raide. Il traîne depuis des années une vilaine histoire. Une affaire bidon de trafic d'influence et de titres de séjour qu'il aurait montée afin de déboulonner des proches de Daniel Vaillant, l'ex-ministre de l'Intérieur socialiste, cinq fonctionnaires de la préfecture catalogués plutôt à gauche[1].

Semble-t-il, on a fait jouer à l'Inspection un rôle qui n'était pas le sien.

1. J'ai déjà enquêté et écrit sur cette histoire aux arrière-plans douteux et mâtinée d'esprit de vengeance. J'avais alors rencontré l'ex-ministre et eu avec lui plusieurs entretiens sur cette affaire.

Opération « coup fourré »

En 2012, la droite écartée du pouvoir, l'ex-ministre de l'Intérieur Daniel Vaillant presse Manuel Valls pour qu'il solde cette affaire de PV truqués, de déclarations déformées et d'écoutes bidouillées qu'on a montée contre lui entre les deux tours des législatives de mai 2007.

À l'époque, l'IGS, qui avait interpellé le garde du corps de Vaillant, alors maire du XVIIIe arrondissement de Paris, qu'elle présumait impliqué dans l'affaire, était venue perquisitionner le bureau dont le policier disposait à la mairie. Daniel Vaillant avait tout de suite téléphoné pour se renseigner au préfet de police de Paris, Pierre Mutz. Ce dernier, philosophe, avait laissé tomber : « Oh, c'est l'IGS, vous savez ! » Phrase plutôt intrigante et ironique dont le sens s'éclairera des années plus tard.

En 2012, l'affaire se révèle en effet pour le moins tortueuse[1]. Pas moins de dix juges se sont succédé pour l'instruire et, comme elle était sensible, aucun n'a fait de zèle. Ainsi a-t-elle traîné de cabinet en cabinet durant des années. En octobre 2019, la justice

1. La découverte de ce qui ressemble fort à une machination entraîne le dessaisissement du magistrat chargé d'instruire. Bernard Boucault, le nouveau préfet de police de Paris et ancien directeur de cabinet de Daniel Vaillant Place Beauvau, quant à lui met un terme aux procédures disciplinaires qui visaient deux des fonctionnaires incriminés dont l'ex-compagne du garde du corps de Vaillant, que ce dernier fait nommer au service de sécurité de la présidence du Sénat.

se montre enfin pugnace et, le lundi 14, les locaux de l'ex-IGS sont perquisitionnés. C'est le retour de flammes. On découvre que des pièces ont disparu des dossiers et que les « bœufs-carottes » auraient fabriqué des preuves.

Un PV de synthèse du 1er juin 2007, dont les éléments proviennent des auditions réalisées lors des gardes à vue et qui auraient été faussement retranscrites, retient spécialement l'attention. Celui qui l'a signé est le seul à avoir été mis en examen (le 7 décembre 2011). Policier de l'IGS, le commandant en retraite Jean-Pierre Delcher a été accusé de faux en écriture publique. Il est le seul à être épinglé alors que le policier nie être l'auteur de ce PV de synthèse qui accuse notamment un proche collaborateur de Daniel Vaillant. Le juge lui a posé clairement la question : « Si je vous comprends bien, ce document [du 19 décembre 2007] est un faux. » Delcher acquiesce. « Oui, c'est un faux. » Et, amer, il ajoute que sa hiérarchie a trahi sa confiance, pointant du doigt un commissaire et un coordinateur des services judiciaires : « C'est l'un ou l'autre », dit-il. Delcher affirme qu'on a imité sa signature et que, d'ailleurs, il n'était pas présent lors de la signature du PV. Un de ses chefs a signé à sa place dans son dos pour ne pas avoir à apposer son propre nom sur le faux document, voilà ce qu'il dit au juge. Pourquoi avoir manigancé une telle histoire rien que pour compromettre un haut fonctionnaire socialiste ?

Je l'ignore, mais quand, le 14 octobre 2019, la PJ descend dans les bureaux de l'IGS, son ancienne mouture n'existe déjà plus, refondue depuis 2012 dans l'IGPN. Elle n'est désormais qu'une simple filiale de l'Inspection, celle de Paris et de la petite couronne. Les heures fastes sont derrière elle. À une époque, elle faisait pourtant la pluie et le beau temps, actionnée quand l'institution battait de l'aile, qu'elle branlait sur ses bases.

Une affaire bien oubliée rappelle ce temps où l'IGS trônait sur un piédestal.

Redoutable IGS

L'histoire – je dois dire, hallucinante – débute le 15 octobre 1961 aux alentours de minuit. Né dans le district de Tigounatine, Mohamed Badache a 26 ans en octobre 1961. Compagnon maçon, il travaille sur un chantier dans le quartier de La Motte-Picquet à Paris, employé comme boiseur par les établissements SPERC. Il est marié et a une fille de 6 ans. Il vit à l'hôtel dans le XVe arrondissement, rue Mademoiselle. Ce jour-là, il descend sur le trottoir fixer un antivol à sa bicyclette. Deux gardiens qui patrouillent à bord d'un side-car s'arrêtent pour le contrôler et vérifier ses papiers. Pour cause de couvre-feu, Badache est en faute. Un Tunisien à sa fenêtre assiste à la scène. Les policiers en side-car interpellent Badache, le menottent et l'emmènent. Commence un épouvantable calvaire.

Vers minuit et demi, le side-car ralentit au pont de la Seine. Un des deux policiers, d'après Badache, aurait dit : « On le balance là ? » Mais le lieu et surtout le moment sont mal choisis. Le side-car reprend la route. Il se dirige vers le bois de Meudon où il s'arrête à la hauteur d'une tour hertzienne. Badache subit alors un véritable supplice. Les mains attachées dans le dos, il plie sous les coups qui s'abattent sur lui avec une rage inexplicable. Un des deux policiers, comme pour se justifier ou se donner du cœur à l'ouvrage, marmonne les dents serrées : « Mon frère a été tué en Algérie par les fellaghas. » Badache est encore frappé longuement avant qu'un policier ne tente de l'étrangler avec une cordelette (il en gardera la trace autour du cou). Puis il s'évanouit. On le laisse étendu au sol sans connaissance. Mais avant on le déleste de son argent, d'une ceinture, de sa montre et de ses papiers. Les deux policiers le laissent pour mort. Mohamed Badache rouvre les yeux des heures plus tard. Il n'a eu la vie sauve, dit-il, que parce qu'il a pu au dernier moment glisser deux doigts entre sa gorge et le garrot. Il a encore autour du cou la cordelette qui a servi à ses agresseurs et qu'il remettra plus tard à la justice. Vers 6 heures du matin, il déambule hagard, ne sachant trop où il se trouve. Un passant qu'il interroge lui apprend qu'il est au bois de Meudon. Le compagnon maçon saute un peu plus loin dans un autobus (où il fera un malaise) puis il prend le métro au pont de Sèvres. Il rentre à son hôtel, épuisé mais vivant. Il se couche et s'endort.

Le 17 octobre 1961, Mohamed Badache dépose plainte contre X pour tentative d'homicide volontaire auprès du doyen des juges d'instruction. N'ayant plus de papiers depuis qu'on les lui a volés, il se rend au commissariat. Il signale le vol et relate son agression. Sans doute s'est-il montré trop confiant et naïf. Le 19 octobre, vers 20 heures, la police débarque à son hôtel. Elle l'interpelle avec plusieurs FMA (Français musulmans d'Algérie) et le conduit dans un commissariat, au poste Necker, où Badache est battu, frappé. La justice sera saisie de ces nouveaux faits de violence qu'il subit le 21 octobre avant d'être transféré au centre d'internement de la porte de Versailles.

Le 22, Badache est hospitalisé à l'hôpital Broussais, salle « Marchal médecine 4 ». Il souffre de violentes douleurs au ventre. Le 25 puis le 26, la presse évoque son cas et sa disparition. *Libération* (sans rapport avec le *Libé* d'aujourd'hui) écrit : « Il avait porté plainte, il a disparu. Quels tueurs s'acharnent sur Mohamed Badache étranglé et laissé pour mort dans les bois de Meudon ? » L'affaire prend dès lors une autre tournure. Le 27, la commission de sauvegarde (qui s'occupe « officiellement » des disparus) est saisie et le 29, enfin Badache est retrouvé à l'hôpital Broussais. Il se trouve dans un tel état physique que le juge d'instruction se déplace pour l'entendre. Badache porte des traces de coups sur le corps et les parties génitales.

L'Humanité écrit le 30 octobre que « la cordelette qui a servi à étrangler Badache est blanchc ct semblable à celle avec laquelle les policiers attachent leur sifflet ».

L'IGS entre en scène

Le 3 novembre 1961, Mohamed Badache livre à la section de renseignement du Service de coordination des affaires algériennes, le SCAA, qui l'auditionne à l'hôpital Broussais, sa version des faits. L'histoire du side-car et ce qui s'ensuit... Au cours de son entretien avec les policiers, il découvre les propos mensongers que l'IGS lui prête dans un rapport. Daté du 15 juin 1962, il concerne les violences qu'il a subies le 18 octobre alors qu'il était à nouveau interpellé, embarqué et roué de coups puis conduit au centre de la porte de Versailles. Badache réfute en bloc les propos que l'IGS lui attribue. Le rapport du SCAA du 3 novembre 1961 enregistre sa dénégation : « Je nie formellement avoir indiqué que les blessures et les coups que j'ai reçus m'aient été portés par des coreligionnaires. »

Le rapport de l'IGS écrit : « Le 22 octobre, le médecin du centre de la porte de Versailles a demandé à M...., commissaire principal du XIVe, de faire conduire à l'hôpital [...] Badache qui aurait déclaré avoir été étranglé par des coreligionnaires dans les bois de Meudon peu avant sa conduite au centre. Il aurait également déclaré avoir peur de rentrer chez lui et se méfier de ses compatriotes. Devant cette situation M.... a fait conduire l'intéressé à l'hôpital Broussais [...] recommandant à l'équipage de prendre soin de ce Français musulman d'Algérie victime de sévices du FLN. »

Cette version en rappelle une autre : celle du préfet Maurice Papon mettant sur le compte du FLN les « noyés par balle[1] ». Elle figure dans un rapport truffé

1. Des dossiers que j'ai consultés n'écartent pas et soulèvent de façon plus réaliste et objective la possibilité que des opposants à la ligne du FLN aient pu être liquidés lors ces sinistres nuits d'octobre 61.

d'erreurs de dates – sans doute volontaires – réalisé par deux gardiens du XVe arrondissement à l'intention de leur chef, daté du 29 octobre 1961. Alors qu'il était transporté à l'hôpital Broussais, Badache aurait déclaré « que des coreligionnaires frontistes [du FLN (NdA)] » auraient tenté de l'étrangler au bois de Meudon. Badache se serait enfui à travers bois. Dans leur rapport, les gardiens du XVe écrivent que Badache avait peur de rentrer chez lui et se méfiait de ses compatriotes. Il s'achève par cette phrase : « Le service hospitalier [où il a été admis à Broussais] lui a servi une tasse de café au lait. »

Ce mensonge s'est aussi glissé dans une note blanche adressée au cabinet du préfet, datée du 4 mai 1962 et consacrée à « l'affaire Badache ». « Des gardiens [...] avaient signalé un N.A. (Nord-Africain) mal en point qui déclarait avoir été blessé par le FLN », peut-on lire. L'IGS, après avoir relayé une thèse si éloignée de la réalité, ne peut conclure autrement son rapport : « En ce qui concerne les sévices dont Badache se plaint d'avoir été victime lors de son passage au poste Necker, aucun élément utile n'a pu être recueilli à ce sujet [...]. Il est très difficile d'identifier les fonctionnaires de police présents dans ce poste entre 20 h 55 et 22 h 55, car les sections de renforts se succédaient au hasard de leurs missions. » On ne retrouvera jamais les deux motocyclistes qui ont tenté d'étrangler Badache au bois de Meudon, ni les gardiens qui l'ont tabassé au poste Necker. L'IGS a veillé au grain.

Dans son témoignage, Badache affirmait également qu'il avait vu au centre de la porte de Versailles, où il était gardé à vue, cinq cadavres de Nord-Africains. Le parquet de Paris sollicite l'IGS afin qu'elle corrobore ou infirme ce témoignage. Son « enquête » brille par sa brièveté. L'IGS interroge le commissaire responsable du centre de la porte de Versailles et écrit : « Consulté, M.... a déclaré qu'il n'a pas été porté à sa connaissance qu'un Nord-Africain soit décédé dans le centre dont il était responsable. » Puis l'IGS écrit : « Un centre médical fonctionnait tant au Palais des sports qu'au Parc des expositions et il est possible que Badache ait vu en ce dernier lieu des blessés allongés attendant des soins ou leur transport à l'hôpital. »

Ce centre médical fonctionnait avec un effectif réduit : un médecin et trois infirmiers. Une tente faisait office d'hôpital pour 800 à 1 000 Algériens[1].

J'aurais pu citer d'autres affaires. Elles révèlent toutes la même solidarité sans faille, ce qui s'explique alors par le contexte politique et martial, la campagne d'assassinats de policiers conduite par le FLN et probablement par la volonté du préfet Maurice Papon d'en découdre et de couvrir ses hommes quoi qu'ils aient fait.

Cette solidarité, l'IGS en a longtemps fait une spécialité qu'elle cultivait comme un art. Dans un rapport d'anthologie de 2002, elle a exonéré la PJ parisienne de toute faute, à l'encontre de ce que laissait apparaître le dossier.

1. Bulletin *Vérité liberté* de novembre 1961.

L'IGS et l'affaire Durn

Nuit du 26 au 27 mars 2002, 1 h 15 du matin. Richard Durn se trouve dans la salle du conseil municipal de Nanterre quand il se lève, animé d'une frénésie meurtrière. Armé d'un pistolet automatique qu'il cachait sous sa veste, il tire à 37 reprises sur les élus : 8 sont tués, 19 autres blessés dont les deux tiers grièvement. Tandis qu'on le maîtrise, l'homme crie : « Tuez-moi ! »

Daniel Vaillant est alors ministre de l'Intérieur. Le 28 mars 2002, il saisit l'IGS, tandis que le ministre de la Justice en fait de même avec l'Inspection générale des services judiciaires. Après une nuit en garde à vue au 36, quai des Orfèvres, Durn se donne la mort en se précipitant dans le vide. Il s'est faufilé par une lucarne et s'est écrasé 21 mètres plus bas. Son corps gît alors dans une flaque de sang dans la cour de la PJ parisienne. Aussitôt on s'emporte Place Beauvau contre le patron de la brigade criminelle, Frédéric Péchenard, encore seulement connu des habitués du 36, mais qui ne plaît guère au cabinet de Daniel Vaillant où on réclame sa tête.

Le rapport de l'IGS va absoudre la PJ et la brigade criminelle. Il le fait dans les règles de l'art. Avec nuance, doigté et intelligence. Il s'agit d'absoudre sans rien cacher. Là réside le grand art. Établir la vérité sans qu'elle ait de conséquences sur la PJ parisienne et ses chefs. L'IGS, on l'a vu, a toujours brillé dans ce registre. Ce rapport sera épluché au ministère de l'Intérieur mais aussi à Matignon et à l'Élysée. Le voici résumé et commenté. Il retrace les débuts d'une enquête et relate les circonstances d'un suicide qui paraissait improbable sans établir réellement de responsabilités.

Durn est en garde à vue depuis le 27 mars 2002 à 1 h 20. Il se trouve dans un état de démence, pris en charge par la brigade criminelle, à 3 h 40, qui le conduit à l'Hôtel-Dieu aux urgences médico-judiciaires à 5 heures du matin. Sept fonctionnaires perquisitionnent ensuite son domicile de 6 h 20 à 8 h 15. Durn est « signalisé » (prise d'empreintes et photos) à 9 h 15. Puis il est auditionné à deux reprises dans le bureau 415, au quatrième étage de la brigade criminelle. La porte d'accès au couloir est fermée à clé. Quatre fonctionnaires sont chargés de le surveiller car « pendant ses auditions Durn n'était pas entravé », écrit l'IGS.

À 17 heures, le procureur de Nanterre Yves Bot signifie à Durn la prolongation de sa garde à vue. Le tueur réclame une cellule individuelle, ce qui est accepté, et une douche, ce qui lui est refusé. Durn refuse l'aide d'un avocat comme s'il ne souhaitait pas se défendre, ne sachant ou ne voulant expliquer son coup de folie. À 20 heures, en fin de journée, il est conduit au dépôt par les quatre fonctionnaires qui le surveillent et le patron de la Crim', Frédéric Péchenard.

De retour le lendemain à la brigade criminelle aux alentours de 9 h 20, son audition débute à 9 h 50 dans le bureau 415. La porte sur le couloir est toujours fermée. Durn est assis dans un fauteuil près de la porte ouverte, celle qui donne sur le bureau 414, il n'est pas entravé.

À 10 h 15, un policier se lève pour prendre un document sur le bureau de son collègue qui tape le PV d'interrogatoire sur son ordinateur.

« À cet instant, écrit le rapport de l'IGS, les deux fonctionnaires ont été surpris par un bruit violent. » Durn a plongé (le mot plonger semble ici inapproprié) la tête la première dans (?) la fenêtre du toit, la moitié de son corps était déjà passée à l'extérieur quand les policiers réagissent.

Durn est rattrapé par le pantalon, son mollet et sa jambe gauches à laquelle s'agrippe un des policiers. Une chaussure lui restera dans la main alors qu'il s'efforce de ramener Durn à l'intérieur du bureau. Tels les maillons soudés d'une chaîne, ils se tiennent les uns les autres. Un des policiers, dit le rapport, « risquait de suivre Durn dans sa chute ».

Pour se hisser jusqu'à la lucarne, Durn, qui mesurait 1,84 mètre, a grimpé sur un petit meuble posé sous la fenêtre du toit. Les consignes stipulaient que Durn devait toujours être menotté dans le dos lors de ses mouvements à l'intérieur des locaux mais pas lors des interrogatoires. Une note de Frédéric Péchenard indiquait que Durn « était susceptible d'attenter à ses jours ». Comment alors expliquer ce qui n'aurait jamais dû se produire ?

Le bureau où Durn est entendu passe pour un des plus sécurisés. La fenêtre de toit se situe à 1,60 mètre du sol ; elle est la « seule ouverture vers l'extérieur ». Toutes ces précautions se sont révélées vaines. Pourquoi le menottage lors des auditions est-il jugé inutile ? Pour le rapport : « Laisser Durn entravé aurait eu un effet contraire à l'objectif recherché [obtenir des explications du gardé à vue], mise en confiance et établissement d'une communication entre les enquêteurs et lui-même. »

Le Velux du bureau 415 n'était pas fermé mais « simplement repoussé ». Ce qui constitue, écrit l'IGS, une défaillance (et donc pas une faute) ayant permis la fuite de Durn facilitée également par le petit meuble bas situé sous l'ouverture. « Aucun incident de cette sorte ne s'était jamais produit jusqu'alors dans ces locaux », dit le rapport. Selon l'IGPN et l'IGS, depuis 1993 (sur l'ensemble du territoire national), 13 personnes se sont suicidées alors qu'elles étaient en garde à vue, en rétention ou en chambre de dégrisement, dont 4 suicides par défenestration au cours d'une audition dans un bureau.

Le rapport s'efforce de blanchir le service le plus prestigieux de la PJ jusque dans la rédaction et le choix des mots. Les mêmes faits présentés autrement auraient pu être accablants. Ici l'erreur est humaine et aucun service n'est à l'abri d'une faute majeure. Dans son rapport, l'IGS minore les responsabilités. Pourtant les faits sont là. Le suicide de Durn est bien réel, tout comme ce petit meuble situé sous un Velux laissé entrouvert alors que l'auditionné n'est pas entravé, pas même d'une seule main. Pourquoi essayer de gagner la confiance de Durn alors que les faits sont établis et nullement contestés ?

L'IGS écrit : « Aucun dysfonctionnement majeur ne paraît devoir être ici retenu... »

Le rapport n'était pas encore écrit qu'au cabinet de Daniel Vaillant la tête de Frédéric Péchenard, le futur DGPN de Nicolas Sarkozy, vacillait. Les menaces de démission d'une poignée de flics lui ont sauvé la mise. L'esprit du 36 a joué à plein.

Après presque 160 ans d'existence, l'IGS rend son tablier. Elle abdique devant une volonté de rompre avec de vieilles méthodes. Il fallait tourner la page et se réinventer. C'est l'esprit avec lequel Marie-France Monéger et son équipe exaucent le souhait de Manuel Valls de réformer l'Inspection. L'IGPN a fait sienne la phrase de Jimmy Carter, ex-président des États-Unis : « Nous devons accepter le changement mais conserver nos principes[1]. »

---

1. Phrase prononcée par Jimmy Carter lors de son discours inaugural de président des États-Unis le 20 janvier 1977 et citée dans le rapport annuel d'activité de l'IGPN 2020.

Conclusion

La fusion était devenue au fil des ans un serpent de mer. On l'annonçait, elle ne se faisait jamais. En 1966, après l'enlèvement à Paris du leader marocain Ben Barka par des barbouzes françaises, aidées par des policiers de la préfecture, une enquête interne de la PP et du ministère de l'Intérieur avait été diligentée. Au vu des dysfonctionnements, la fusion de l'IGS et de l'IGPN semblait s'imposer. Mais le préfet de police de Paris n'est pas pour rien le préfet le plus puissant de France. Il n'aime pas être dépouillé d'un de ses attributs. L'IGS est en soi en effet un pouvoir. Elle sait tout sur tous. Longtemps elle a mené les enquêtes sur ceux qui voulaient entrer dans la police. Elle exercera ce droit de regard (et de veto) de 1921 jusqu'en 1984. Nul n'entrait sans avoir montré patte blanche après des enquêtes serrées. Elle traque les ripoux, qu'à la moindre faute elle sanctionne. À la Libération, elle a mené 3 000 enquêtes disciplinaires avec à sa tête Arthur Airaud, l'organisateur d'un réseau qui en 1943 comptait dans ses rangs 1 500 agents[1]. La proposition aura donc été sans lendemain.

Accusée en 1982 d'être l'instrument d'exécution des basses œuvres administratives, la « commission Belorgey » (du nom d'un député socialiste) propose cette fois sa suppression que réclament les syndicats de policiers. En vain. En 1988, Marcel Leclerc envisage à son tour la fusion avec l'IGPN. L'IGS y échappe. En 2012, cette fois, elle ne survit pas. Elle disparaît et devient pour de bon la délégation parisienne de l'IGPN.

Sa nouvelle organisation ne devient effective qu'en septembre 2015. La délégation parisienne comprend trois cabinets d'enquête composés chacun de deux groupes. Cette année-là, le TGI de Bobigny l'a saisie de 155 dossiers (sur un total de 544). Peu après, en octobre 2015, l'IGPN déménage et quitte la place Beauvau. Un vent de renouveau balaye les dernières traces du passé. L'Inspection s'installe dans un immeuble du ministère de l'Intérieur, flambant neuf, moderne celui-là, l'immeuble Garance situé non loin de la place de la Nation. Une page se tourne. Cette fois pour de bon. Dernier domicile connu de l'IGS, 30, rue Hénard dans le XIIe arrondissement de Paris, qui, en 2019, héberge la délégation parisienne de l'IGPN dirigée par la contrôleuse générale des services actifs de la police nationale, Hélène Dupif. L'Inspection change et se féminise. Depuis longtemps déjà, des groupes de femmes flics

1. Arrêté et torturé, Arthur Airaud est arraché aux mains de la Gestapo et libéré par un commando.

se réunissent en réseaux pour faire prévaloir la parité dans les postes de commandement auxquels elles accèdent dans toutes les branches de la police, la PJ, la DGSI et bien sûr l'IGPN qui, depuis 2012, est dirigée par une femme.

Marie-France Monéger revendique cette refonte générale. « L'Inspection a beaucoup évolué, dit-elle, et vers plus de professionnalisme [après avoir] végété durant vingt ans, encalminée dans ses vieilles méthodes. » Elle tient même désormais sa propre comptabilité des victimes de la police : « Pourquoi, dit l'ex-cheffe de l'IGPN, cette statistique existerait-elle aux États-Unis et pas en France ? Maintenant c'est chose faite. » Jusque-là, des militants des droits de l'homme ou des anti-flics effectuaient le décompte[1].

L'Inspection semble passée des ténèbres à la lumière. Elle se veut désormais au service du citoyen. Elle parle de devoir d'information, de déontologie, de règles écrites, de « méthode collégiale », car, dit Marie-France Monéger, « on a besoin de contradiction » et d'être « inattaquables ». Les flics de l'IGPN doivent aussi avoir du doigté car, dit-elle, « un policier en garde à vue, c'est le pire qu'il puisse lui arriver ». Monéger confirme ce que d'autres m'ont dit : la « police des polices » fait peur et son arrivée dans un commissariat ou dans un service peut être un choc. « Tous les fonctionnaires de l'IGPN sont désormais formés » à cette situation, dit-elle avant d'ajouter : « On ne veut pas être aimés, on veut

1. Voir le livre de référence en la matière de Maurice Rajsfus, *La Police et la peine de mort*, L'Esprit frappeur, 2002.

être respectés. [Mais pour cela] l'enquête doit être équilibrée[1]. »

Alors ce serait au moment où l'Inspection change en profondeur, se modernise, se dote d'un manuel d'une cinquantaine de pages pour mieux encadrer ses enquêtes que l'IGPN valse sous les critiques, certains réclamant même sa suppression. Drôle de paradoxe. Cela n'empêche pas l'actuelle cheffe de l'Inspection, Brigitte Jullien, de souligner avec « fierté » la « confiance que les magistrats » témoignent envers « la qualité et l'objectivité » des enquêtes de l'IGPN. Elle rappelle aussi à ses détracteurs que l'Inspection ne décide pas des sanctions disciplinaires « qui relèvent des autorités administratives », « ni *a fortiori* des poursuites judiciaires »[2]. La nouvelle Inspection sera jugée sur pièces, à l'épreuve des faits tout comme sa charte et ses valeurs de légalité, de transparence et d'éthique de responsabilité le seront à l'usage.

Un vrai défi.

---

1. Entretien avec Marie-France Monéger, ex-cheffe de l'IGPN, mars 2021.

2. Éditorial de Brigitte Jullien à paraître dans le rapport annuel d'activité de l'IGPN 2020.

ANNEXE

IGPN

INSPECTION GÉNÉRALE
DE LA POLICE NATIONALE

L'Inspection générale de la police nationale est rattachée à la Direction générale de la police nationale. Elle est en charge du contrôle des directions et services de la Direction générale de la police nationale et de la préfecture de police de Paris.

Les principales directions qu'elle contrôle sont les directions centrales de la police judiciaire, de la Sécurité publique, de la police aux frontières, des compagnies républicaines de sécurité, de la Coopération internationale ou encore le Service de la protection.

INSPECTION GÉNÉRALE DE LA POLICE NATIONALE

DIRECTRICE DE L'INSPECTION GÉNÉRALE DE LA POLICE NATIONALE

- RESPONSABLE CENTRAL DE LA SÉCURITÉ DES SYSTÈMES D'INFORMATION
- CONSEILLER STRATÉGIE DU NUMÉRIQUE
- **DIRECTEUR ADJOINT** – RÉFÉRENT DÉONTOLOGIQUE DE LA POLICE NATIONALE
  - Sous-direction des enquêtes administratives et judiciaires
    - UNITÉ DE COORDINATION DES ENQUÊTES
    - DIVISION NATIONALE DES ENQUÊTES
    - DÉLÉGATION DE L'IGPN À PARIS
    - DÉLÉGATION DE L'IGPN À MARSEILLE
    - BUREAU DE L'IGPN À NICE
    - DÉLÉGATION DE L'IGPN À METZ
    - DÉLÉGATION DE L'IGPN À LILLE
    - DÉLÉGATION DE L'IGPN À RENNES
    - DÉLÉGATION DE L'IGPN À BORDEAUX
    - DÉLÉGATION DE L'IGPN À FORT-DE-FRANCE
    - DÉLÉGATION DE L'IGPN À LYON
  - Sous-direction de l'inspection de l'évaluation et de l'audit interne
    - CABINET DES INSPECTIONS, DES ÉTUDES ET DES AUDITS
    - DÉPARTEMENT DES INSPECTIONS ET ÉVALUATIONS
    - CABINET DES INSPECTIONS, DES ÉTUDES ET AUDITS
    - DÉPARTEMENT DE L'AUDIT INTERNE
  - Sous-direction de l'analyse, du conseil et de la maîtrise des risques
    - CABINET DE L'ANALYSE, DE LA DÉONTOLOGIE ET DE LA RÈGLE
    - MISSION APPUI ET CONSEIL
    - CABINET AMARIS
  - Sécrétariat général
    - BUREAU DE GESTION
    - PÔLE INFORMATIQUE
    - PÔLE FORMATION, COMMUNICATION, COOPÉRATION INTERNATIONALE ET COHÉSION
    - BUREAU DES ARCHIVES ET DE LA DOCUMENTATION

Table

Du même auteur

Aux mains des Soviets (avec José Abel), BD, Les Humanoïdes associés, 1984

La Conspiration de l'étoile blanche (avec José Abel), BD, Les Humanoïdes associés, 1989

Contrat sur un pasteur, Vaugirard/Presses de la Cité, 1992

Au cœur de la PJ. Enquête sur la police scientifique, Flammarion, 1997

Affaire Hernu (avec Patrick Hernu), Ramsay, 1997

Les RG et le Parti communiste. Un combat sans merci dans la guerre froide, Plon, 2000

Histoire de l'extrême gauche trotskiste : de 1929 à nos jours, Éditions n° 1, 2002

Génération Occident, Seuil, 2005

L'Obsession du complot, François Bourin, 2005

Nicolas Sarkozy. Enquête sur un homme de pouvoir, Presses de la Cité, 2006 ; édition revue et augmentée, 2007

Les Dessous de l'affaire Colonna (avec Antoine Albertini), Presses de la Cité, 2007

La CIA en France. 60 ans d'ingérence dans les affaires françaises, Seuil, 2008

Bertrand Delanoë. Une irrésistible ambition, Presses de la Cité, 2008

Une histoire de fous. Le roman noir de l'affaire Clearstream, Seuil, 2009

Histoire secrète du patronat de 1945 à nos jours (sous la direction de Benoît Collombat et David Servenay), La Découverte, 2009

L'économie, c'est la guerre ! Les agents secrets au service du big business, Seuil, 2012

Les Valets de la guerre froide. Comment la République a recyclé les collabos, François Bourin, 2013

Les Officines, Seuil, 2013

L'Agent Jacques Duclos. Histoire de l'appareil secret du Parti communiste français, 1920-1975, Paris, Seuil, 2015

Arnaud Montebourg, l'homme girouette, La Découverte, 2016

Islamisme. 60 ans de lutte antiterroriste, Tallandier, 2017

Les Plastiqueurs. Une histoire secrète de l'extrême droite violente, La Découverte, 2018

Les Hommes de main du président. De Foccart à Benalla, Seuil, 2019.

Un homme sous influence. Enquête sur Jean-Luc Mélenchon, Grasset, 2020

Composition Nord Compo
Impression CPI Bussière en octobre 2021
Éditions Albin Michel
22, rue Huyghens, 75014 Paris
www.albin-michel.fr
ISBN : 978-2-226-45893-3
N° d'édition : 24329/01 – N° d'impression : 2059856
Dépôt légal : novembre 2021
Imprimé en France